Wortschatz-Erwerb

Arbeiten zur Sprachanalyse

Herausgegeben von
Konrad Ehlich

Band 6

PETER LANG
Bern · Frankfurt am Main · New York · Paris

Wortschatz-Erwerb

Herausgegeben von
Klaus R. Wagner

PETER LANG
Bern · Frankfurt am Main · New York · Paris

CIP-Kurztitelaufnahme der Deutschen Bibliothek

Wortschatz-Erwerb / hrsg. von Klaus R. Wagner.–
Bern; Frankfurt am Main; New York; Paris: Lang, 1987.
   (Arbeiten zur Sprachanalyse; Bd. 6)
   ISBN 3-261-03777-6

NE: Wagner, Klaus R. [Hrsg.]; GT

© Verlag Peter Lang AG, Bern 1987
Nachfolger des Verlages der
Herbert Lang & Cie AG, Bern

Alle Rechte vorbehalten.
Nachdruck oder Vervielfältigung, auch auszugsweise, in allen Formen
wie Mikrofilm, Xerographie, Mikrofiche, Mikrocard, Offset verboten.

Druck: Weihert-Druck GmbH, Darmstadt

INHALT

	Seite
Vorwort	7
Helmut Gipper: Kinder unterwegs zur Sprache	11
Angelika Redder: Modalverben im kindlichen Diskurs. Überlegungen zu ihrer Aneignung	30
Klaus R. Wagner/Christiane Steinsträter: Wörterbuch der illokutiven Typen zum Korpus Teresa (9;7)	59
Harlinde Hesse/Bodo Hesse: Wortschätze der Grundschule. Probleme ihrer Beschreibung	82
Elisabeth Schach: Empirische Eigenschaften der TTR bei ausgewählten Texten	102
Gerhard Augst: Ist die degressive Struktur des Wortgebrauchs ein Argument für den Rechtschreib-Grundwortschatz?	115
Klaus R. Wagner/Gabriel Altmann/Reinhard Köhler: Zum Gesamtwortschatz der Kinder	128
Marianne Wagner/Klaus R. Wagner: Zur Entwicklung des Kinderwortschatzes von 1900 bis 1980	143
Anschriften der Verfasser	172

Vorwort

'Wortschatz-Erwerb' ist ein Titel, der bei genauerer Überlegung einen Widerspruch enthält. Im ersten Teil 'Wortschatz' läßt sich die 'Thesaurus'-Auffassung gut erkennen: Die Wörter einer Sprache werden als ein 'Schatz' angesehen, den es zu hüten, rein zu erhalten, in Grenzen zu mehren und durch Übernahme zu erwerben gilt. Sprache wird bei dieser Betrachtung als ein mehr oder weniger statisches Werk aufgefaßt, als "Ergon" in der Terminologie W. v. Humboldts. 'Erwerb' dagegen ist im Sinne von Sprach-Erwerb eher ein dynamisches Geschehen (Sprache als "Energeia", Humboldt). Das seine Muttersprache lernende Kind erwirbt sich seinen Wortschatz nicht so statisch, wie man einen Schatz kauft und ihn damit 'erworben' hat, sondern Wortschatz-Erwerb ist ein dynamischer Rückkopplungsprozeß, in dem das Kind die Bedeutungen der Wörter in unterschiedlichen Handlungszusammenhängen erschließt, abändert und präzisiert.

Die ergonhafte gegenüber der energetischen Auffassung findet sich auch im Begriff des 'Wortfeldes'. Jost Trier hat es immer gestört, daß bei 'Feld' zunächst ein statisches Stück Land, ein Acker assoziiert wird. Er möchte dagegen das Wortfeld dynamisch verstanden wissen, analog zum 'Feld der Pferde' beim Pferderennen, in dem sich die Positionen der einzelnen Pferde ständig verändern (Trier 1968, S. 14).

Wenn wir also nach dem biblischen Gleichnis vom 'Schatz im Acker' den Wortschatz im Wortfeld finden wollen, müßten wir neben dem dynamischen Wortfeld-Begriff auch einen dynamischen Wortschatz-Begriff entwickeln, z.B. Wortschatz als Börse, wo die Werte der Wörter ständig neu festgesetzt werden.

Die Beiträge dieses Bandes sind aus der Tagung 'Wortschatz-Erwerb' hervorgegangen, die im Sommer 1985 von der Forschungsstelle Kindersprache der Universität Dortmund veranstaltet wurde. Das Konzept der Tagung ergab sich durch das Zusammentreffen von zwei Entwicklungslinien: Neuere theoretische Ansätze zur Gliederung des Wortschatzes begegnen sich mit umfangreichen empirischen Forschungen zur Kindersprache.

Im methodisch-theoretischen Bereich wird die klassische Wortfeldtheorie, die den Wortschatz nach semantischen Affinitäten ordnet, ergänzt durch handlungstheoretische Konzepte, die Bedeutungskonstitution und Bedeutungserwerb im Rahmen der Schema- und der Sprechakttheorie zu rekonstruieren versuchen. Charakteristische Begriffe dieser Forschungsrichtungen sind Schema, frame, script, Sprechakt, illokutiver Typ, Handlungsmuster. Die meisten dieser Ansätze beziehen ihre Überzeugungskraft mehr durch gut gewählte Beispiele als durch erwiesene Brauchbarkeit bei der Analyse eines größeren Korpus. Erst in jüngster Zeit beginnt die Forschung, dieses Defizit aufzuarbeiten (vgl. Ehlich/Rehbein 1986).

Mit den neuen theoretischen Gliederungsmöglichkeiten im Bereich der Semantik und des Wortschatzes trifft eine zweite Entwicklungslinie zusammen, die sich von umfangreichen, empirischen Forschungen im Bereich der Kindersprache herleitet. Drei große Forschungsvorhaben sind hier zu nennen (in der Reihenfolge ihrer Entstehung): das DORTMUNDER KORPUS der spontanen Sprechsprache von Kindern im Alter von 1;5 bis 14;10 Jahren (Wagner 1981), die Siegener Untersuchungen zum aktiven Wortschatz der 6jährigen (Augst, Hrsg. 1984) und die Münsteraner Forschungen "zum Prozeß der Spracherlernung in den ersten drei Lebensjahren" (Gipper, Hrsg. 1985). Auf der Tagung in Dortmund wurde versucht, die verschiedenen Forschungsansätze miteinander ins Gespräch zu bringen.

Die Beiträge dieses Bandes spiegeln die unterschiedlichen Positionen getreulich wider. In "Kinder unterwegs zur Sprache" gibt H. Gipper einen Überblick über die Ergebnisse der Forschungen seiner Münsteraner Arbeitsgruppe. Die Untersuchung ist der klassischen Wortfeldtheorie und der Sprachinhaltsforschung verpflichtet. Der Beitrag von A. Redder zeigt am Beispiel der Modalverben, welche Strukturen (Merkmale und Relationen) eine handlungstheoretisch orientierte Beschreibung des Spracherwerbs zu berücksichtigen hätte. In "Wörterbuch der illokutiven Typen" geben K.R. Wagner und Chr. Steinsträter einen Überblick über die sprachlichen Handlungsmöglichkeiten einer 9jährigen. Sie versuchen damit, den Horizont abzustecken, in dem lokutiver Wortschatz-Erwerb stattfindet.

Mit den folgenden Beiträgen beginnt der sprachstatistische Teil des Sammelbandes. H. Hesse und B. Hesse entwickeln sprachstatistische Kriterien zur Bewertung von Wortschatzlisten. Das Problem erlangt große Bedeutung, wenn Wortlisten unterschiedlichster Herkunft zu einem Sammelwortschatz/ Grundwortschatz vereinigt werden sollen. E. Schach macht das Verhältnis von verschiedenen Wörtern (types) zu den laufenden Wörtern (tokens) - die Type-Token-Ratio (TTR) - zur Grundlage ihrer Arbeit. Sie untersucht die Brauchbarkeit dieses Maßes zur Differenzierung und Charakterisierung verschiedener

Sprachproben, u.a. von geschriebener und gesprochener Sprache und von gesprochener Kindersprache nach dem Alter der Kinder. G. Augst beantwortet in seinem Beitrag die Frage: "Ist die degressive Struktur des Wortgebrauchs ein Argument für den Rechtschreib-Grundwortschatz?" Er kommt zu dem Ergebnis, daß sich die individuellen Wortschätze der Kinder nicht in dem Maße decken, wie es für einen schulklassenbezogenen oder gar landesweiten Grundwortschatz Voraussetzung wäre. In der Untersuchung von K.R. Wagner, G. Altmann und R. Köhler wird das Gebiet des Grundwortschatzes zum Gesamtwortschatz hin überschritten. Die Autoren versuchen, mit verschiedenen sprachstatistischen Methoden den Gesamtwortschatz einzelner Kinder aus begrenzten, empirischen Wortschätzen dieser Vpp. hochzurechnen.

Den Abschluß des Bandes bildet ein Beitrag zur Geschichte der Kindersprache. M. Wagner und K.R. Wagner verfolgen die Entwicklung des Wortschatzes bei 6jährigen im Zeitraum von 1900 bis 1980.

Der Fritz-Thyssen-Stiftung gilt unser Dank für ein Stipendium (Christiane Steinsträter), das die sprachstatistische Datensammlung förderte. Konrad Ehlich danke ich für vielfältige Anregungen und für die Aufnahme dieses Bandes in die von ihm betreute Reihe.

Klaus R. Wagner

Literatur:

Augst, G. (Hg.) (1984): Kinderwort. Der aktive Kinderwortschatz (kurz vor der Einschulung) nach Sachgebieten geordnet mit einem alphabetischen Register. Frankfurt am Main/Bern/New York/Nancy

Ehlich, K./Rehbein, J.(1986): Muster und Institution. Untersuchungen zur schulischen Kommunikation. Tübingen

Gipper, H. (Hg.) (1985): Kinder unterwegs zur Sprache. Zum Prozeß der Spracherlernung in den ersten drei Lebensjahren - mit 50 Sprachdiagrammen zur Veranschaulichung. 2 Bde. Düsseldorf

Trier, J. (1968): Altes und Neues vom sprachlichen Feld. Mannheim

Wagner, K.R. (1981): Wieviel sprechen Kinder täglich? In: Wirkendes Wort 31. Jg. (17-28)

Helmut Gipper

KINDER UNTERWEGS ZUR SPRACHE

Zum Prozeß der Spracherlernung in den ersten drei Lebensjahren.*
Bericht über die Ergebnisse eines Kindersprachprojektes der Universität Münster
Institut für Allgemeine Sprachwissenschaft der Universität Münster

Die Überschrift dieses Berichtes ist zugleich der Titel des Buches, das im Dezember 1985 beim Schwann-Verlag in Düsseldorf erschienen ist. Der Anklang an M. Heideggers bekannte Aufsatzsammlung "Unterwegs zur Sprache" ist beabsichtigt. Dieser suchte dem Wesen der Sprache in philosophischer Sicht näherzukommen, wobei er Sprachbesitz bereits voraussetzt. Die Sprache muß aber von jedem Menschen erst erworben werden. Der Weg zur Sprache beginnt beim Kleinkind. Erst wenn der Prozeß der Spracherlernung genau erfaßt und in seiner vollen Tragweite erkannt ist, gewinnen weiterführende philosophische und wissenschaftliche Überlegungen eine tragfähige Grundlage.

Meine Bemühungen um die Erforschung der Kindersprache, die sich über einen Zeitraum von zehn Jahren erstreckt haben, dienten der Klärung mehrerer allgemein sprachwissenschaftlicher Fragen. Folgende Probleme sollten damit einer Lösung nähergebracht werden:
1. Der Zusammenhang von Sprache und Denken.
2. Die hierzu unentbehrlichen anthropologischen, physiologischen, psychologischen, sprachtheoretischen und sprachphilosophischen Voraussetzungen.
3. Die Überprüfung bestimmter Hypothesen der neueren Linguistik, z.B. die Annahmen Noam Chomskys bezüglich angeborener sprachlicher Universalien im Hinblick auf die Grundlegung seiner generativen Transformationsgrammatik.
4. Die Überprüfung bestimmter philosophischer und speziell sprachphilosophischer Positionen (Kant, Heintel, Liebrucks u.a.).

Die zentrale Frage, um deren Beantwortung es geht, lautet: Wie wird ein neugeborener Mensch zu einem sprechenden und denkenden Wesen, das in der Lage ist, die Welt zu erkennen, mit anderen über sie zu sprechen und sie handelnd

* mit 50 Sprachdiagrammen zur Veranschaulichung. (H. Gipper (Hrsg.). Unter Mitarbeit von Chr. Boving, U. Cron-Böngeler, S. Leupold, G. Niggemann, M. Rothaut.

zu verändern?

Hierzu ist eine systematische Erforschung des Prozesses der Spracherlernung unverzichtbar. Es liegen zwar zahlreiche Arbeiten zur Kindersprache vor, aber gerade die entscheidenden Anfangsphasen sind immer noch stiefmütterlich behandelt. Es fehlt vor allem an Untersuchungen, die zahlreiche Kinder gleichzeitig erfassen und die meist vernachlässigte Sinnproblematik in den Mittelpunkt stellen.[1]

Bereits 1969 habe ich auf dem Philosophenkongreß in Düsseldorf den Gedanken einer e v o l u t i v e n G r a m m a t i k vorgestellt.[2] Darunter verstehe ich den Plan, die Sprachentwicklung, die kontinuierlich in der Zeit verläuft und nur schwer zu beschreiben ist, mit Hilfe von Q u e r s c h n i t t s g r a m m a t i k e n durch verschiedene Altersstufen zu erfassen. Bei diesem Gedanken leitete mich Jost Triers Beispiel, die Entwicklung sprachlicher Felder mittels Querschnittsuntersuchungen durch verschiedene Epochen der Sprachgeschichte und deren Vergleich nachvollziehbar zu machen. Eine Querschnittsgrammatik ist eine synchrone Bestandaufnahme des verfügbaren Sprachstandes zu einem bestimmten Zeitpunkt. Im Falle der Kindersprache hätte es also erreicht werden sollen, die jeweiligen Befunde im ersten, zweiten, dritten Lebensjahr usw. bis zur Erreichung einer annähernden Sprachkompetenz mit 14-18 Jahren zu ermitteln und durch deren Vergleich zu zeigen, wie sich Wortschatz und Syntax aufbauen, erweitern und differenzieren. Ein solcher Plan war aus zeitlichen Gründen aber für uns völlig undurchführbar. Er hätte enorme Finanzmittel und einen beträchtlichen Mitarbeiterstab erfordert.

Wir entschlossen uns also, unsere Bemühungen auf die ersten drei Lebensjahre, d.h. die entscheidende Anfangsphase, zu beschränken. In mehreren Vorlesungen und Seminaren war das Projekt vorzubereiten. Vorliegende Ansätze waren zu prüfen (z.B. Piaget und Wygotski), die biologischen und sprachtheoretischen Voraussetzungen waren zu klären. Dann aber war vor allem die Frage der Materialbeschaffung zu beantworten.

Folgendes wurde uns bald klar: Ohne die Mitarbeit von Eltern ging es nicht. Niemand außer den Eltern ist wirklich in der Lage, Kleinkinder kontinuierlich zu beobachten und festzuhalten, was sie lautlich äußern und was sie damit vermutlich zum Ausdruck bringen wollen. Bedenken dagegen liegen auf der Hand: Die Eltern sind nicht für diese Aufgabe gerüstet, sie sind als Beobachter befangen und neigen dazu, mehr in das Wahrgenommene hineinzulegen als tatsächlich gegeben ist. Aber die Vorteile der Elternbeobachtungen heben alle Bedenken auf. Wenn die Eltern behutsam angeleitet werden, wie sie sinnvollerweise verfahren sollen, wenn im Kontakt mit sprachwissenschaftlichen Beratern sichergestellt wird, daß möglichst vorurteilsfrei nur das festgehalten wird, was sich tatsächlich zuträgt, wenn stets äußere Umstände und Kontexte mitnotiert werden, dann muß es möglich sein, an den wirklichen Prozeß der Spracherlernung so heranzukommen, daß eine sprachwissenschaftliche Auswertung sinnvoll ist.

Dieser Weg wurde also eingeschlagen. Mit Hilfe der Presse wurden zunächst 150 Eltern aus dem Raume Münster gefunden, die zur Mitarbeit bereit waren. Von diesen sprangen zwar im Laufe der Zeit viele ab, weil sie das Ausmaß der Arbeit unterschätzt hatten, aber 77 hielten doch aus und lieferten ca. 8000 Beobachtungsbögen und zusätzliche Fragebögen, die die Grundlage unserer Auswertungsarbeit bildeten. Ohne unseren Einfluß ergab es sich, daß die meisten Eltern der gesellschaftlichen Mittelschicht zuzurechnen sind. Das könnte als Nachteil gewertet werden, doch dürfte der elementare Spracherwerb in unserem Lande überall ähnlich verlaufen.

Am Rande sei vermerkt, daß auch Tonbandaufnahmen gemacht wurden. Sie erwiesen sich aber als nur wenig hilfreich, weil es fast undurchführbar war, die unentbehrlichen Kommentare sogleich mit aufzunehmen. Ohne diese und ohne Kontext bleiben die noch unvollkommenen Lautäußerungen unverständlich. Auch Video-Aufnahmen schieden aus, weil die Elternhäuser dazu in kostspielige Studios hätten ungewandelt werden müssen, was natürlich völlig unmöglich war. Beobachtungsbögen konnten dagegen an allen Orten der Handlung bereitliegen. Die Notizen sind leicht überschauber und jederzeit ergänzbar. Dies war also der Weg, der sich allein als gangbar erwies.

Sprachtheoretische Voraussetzungen

Als Ausgangsbasis schien mir eine inhaltbezogene Sprachauffassung geeignet, wie sie von Jost Trier und Leo Weisgerber im Anschluß an Wilhelm von Humboldt entwickelt worden ist. Ihr Kernpunkt ist der, daß Sprache nicht nur Kommunikationsmittel und Werkzeug der Verständigung ist, sondern ein Schlüssel zur Welt, mit dem der Mensch geistigen Zugang zu allem, was er erfahren und erleben kann, gewinnt. Der Wortschatz einer Sprache ist kein Sandhaufen, sondern ein gegliedertes Ganzes, in dem die Welt in spracheigentümlicher Weise auf den Begriff gebracht wird. Die Syntax stellt die verschiedenen Sagweisen bereit, mit denen Menschen mit anderen über etwas sprechen können. Die Sprache ist, wie Humboldt sagt, eine wahre Welt, welche der Geist zwischen sich und die Gegenstände durch die innere Arbeit seiner Kraft setzen muß, sie ist die sich ewig wiederholende Arbeit des Geistes, den artikulierten Laut zum Ausdruck des Gedanken fähig zu machen.[3] Jede Sprache stellt eine bestimmte geistige Weltansicht dar, sie enthält ein bestimmtes (ideologiefreies) Weltbild, dessen Eigenart bei jedem Sprachvergleich sichtbar gemacht werden kann. Über diese Voraussetzungen liegt ein umfangreiches Schrifttum vor, ich muß es bei diesen Bemerkungen hier bewenden lassen.[4]

Abgrenzung gegenüber tierischen Leistungen

Als nächstes war die Sonderstellung der menschlichen Sprache gegenüber den Verständigungsmitteln der Tiere, insonderheit der höheren Tiere - und hier wieder der Menschenaffen - zu begründen. Dies ist in Sonderuntersuchungen in der Auseinandersetzung mit den amerikanischen Versuchen, Schimpansen Zeichensprache beizubringen, geschehen (Ehepaar Gardner: Schimpansin Washoe; Ehepaar Premack: Schimpansin Sarah; Rumbaugh, v. Glaserfeld, Gill u.a.: Schimpansin Lana).[5]

Als Ergebnis ist festzuhalten: Höhere Tiere können denken, d.h. aus bestimmten Prämissen bestimmte Folgerungen ziehen im Sinne eines wenn-dann, sie vermögen einfache Probleme zu lösen, sie können sich auch im Rahmen des Lebensnotwendigen verständigen, verfügen aber über keine Sprache im Vollsinne. Bei den erlernten Zeichensystemen handelt es sich um aus menschlicher Sprache abgeleitete einfache Gebilde, um Sprachderivate, die zentrale Funktionen der menschlichen Sprache nicht erfüllen. Zum Beweis verweise ich auf meine genannten Untersuchungen.

Angemerkt sei noch, daß hohe tierische Leistungen, wie z.B. das Kommunikationssystem der Bienen, der Netzbau der Spinnen oder die Wegfindung der Zugvögel, nichts mit Denken zu tun haben. Es handelt sich um angeborene und sehr spezielle Fähigkeiten, um geschlossene Kleinsysteme, die ohne Denken und Sprache funktionieren.

Sprache ist demgegenüber ein offenes System, das in Symbiose mit dem Denkvermögen im Prozeß der Spracherlernung entsteht, das die Grenzen von Raum und Zeit sprengt, ein Denken auf verschiedenen Abstraktionsebenen gestattet und es möglich macht, mit Sprache über Sprache zu reden, also einen metasprachlichen Gebrauch von der Objektsprache zu machen. Derartiges gibt es bei keinem Tier.

Bevor nun der Mensch unterwegs zur Sprache sein kann, muß er zunächst geboren werden. Sein Zustand im Augenblick der Geburt zeigt ihn als noch völlig hilfloses Wesen, dessen Sinne noch nicht entwickelt und voll aufnahme- und leistungsfähig sind. Er gilt als physiologische Frühgeburt, was zunächst nachteilig zu sein scheint, aber bestimmte Vorteile mit sich bringt. Er ist sprachlos, bringt aber ein angeborenes Sprachvermögen mit (faculté du langage/F. de Saussure). Ca. 10 Milliarden Neuronenzellen im Gehirn sind gegeben, aber das verbindende sog. axodendritische Nervennetz, das sie zu einem funktionierenden Organismus verbindet, fehlt noch. In den ersten beiden Lebensjahren nimmt das Hirngewicht um 350 % zu, später nur noch um 35 %. Die Nervennetze entstehen schnell und wachsen bis zum 4. Jahre ständig (Dendrogenese), dann schreitet das Wachstum nur noch verlangsamt fort. Die Spracherlernung muß in engem Zusammenhang mit den hierbei entstehenden Möglichkeiten gedanklicher Leistungen gesehen werden.[6]

Wie ein Sprachaufbau auf der lautlichen Ebene aussehen kann und sollte, hat Roman Jakobson in seinem wichtigen Buch "Kindersprache, Aphasie und allgemeine Lautgesetze"[7] gezeigt. Allerdings haben sich seine Annahmen bestimmter Gesetzlichkeiten im Aufbau des Konsonantismus und des Vokalismus in unseren Untersuchungen nicht bestätigt. Aber seine Grundthesen bleiben doch gültig. Vor allem hat sich die Wichtigkeit der ersten Silbenbildung als Verbindungen von Konsonant und Vokal als richtig erwiesen.

Das Projekt und seine Ergebnisse

Die Auswertung unseres umfangreichen Materials hat ergeben, daß die Kinder nach der sog. Lallphase, in der sie spielerisch und absichtslos ihre Stimmwerkzeuge einüben, gegen Ende des ersten Lebensjahres allmählich zur eigentlichen Spracherlernung übergehen. Es tauchen dann leicht bildbare silbische Ketten vom Typ mamama, nanana, bababa, papapa usw. auf, die zunächst nichts bedeuten, aber sofort die Aufmerksamkeit der Eltern oder der sonstigen Bezugspersonen auf sich ziehen. Diese noch bedeutungslosen Lautungen liefern den Rohstoff zu erster sinnvoller Sprachbildung. So weckt ein erstes mamama das Interesse der Mutter, die freudig herbeieilt und meint, das Kind habe sie rufen wollen. Diese Reaktion ermuntert das Kind zur Wiederholung. Ein zweisilbiges mama zieht dann den Sinn 'Mutter' auf sich und wird zur ersten kindertümlichen Bezeichnung der Mutter.

B e i   u n s , müssen wir sogleich hinzufügen, denn dies braucht nicht so zu sein. Was aus dem ersten mama wird, darüber entscheiden die Erwachsenen. In anderen Sprachen bedeutet mama anderes, allerdings stets etwas, was mit elementaren Lebensbedürfnissen zusammenhängt, z.B. 'essen', 'stillen', 'säugen', 'Mutterbrust' u.ä. Im Georgischen bedeutet mama sogar 'Vater', weil es die Sprachgemeinschaft so will, während die Mutter mit deda bezeichnet wird.

Ganz ähnlich geht es auch mit anderen kindertümlichen Lautangeboten, die aufgegriffen, aber ebenso auch übergangen werden können. Man kann leicht nachprüfen, welche Auswahl bei uns getroffen wird und vergleiche dazu mögliche Reihen wie papa, pepe, pipi, popo, pupu; mama, meme, mimi, momo, mumu. Es stellt sich heraus, daß lange nicht alle Möglichkeiten auch genutzt werden. Wichtig ist dabei, daß ein erstes mama 'Mutter' noch zusätzlich durch verschiedene Betonung auch verschiedene Funktionen erfüllen kann: es kann fordernd (imperativisch), fragend (interrogativ), einfach aussagend, feststellend (indikativisch) usw. gemeint und gebraucht werden, also auch Satzcharakter gewinnen. Wort, Satz und Funktion liegen noch ungetrennt beieinander, alles steckt in der ersten Lautung wie in einer Nußschale, weshalb der alte Streit, ob das Wort oder der Satz bzw. das Substantiv oder das Verb am Anfang der Sprachentwicklung ständen, gegenstandslos ist. Wir haben für dieses wichtige Phänomen den Ausdruck Globalwort übernommen, den René Spitz vorgeschlagen hat.[8]

In den genannten Fällen kommen die Lautangebote in aller Regel vom Kinde selbst. In anderen Fällen stammen sie aber von den Erwachsenen. Kindertümliche Lautungen wie wauwau, miau, tiktak u.ä. sind bei uns Angebote der Erwachsenen, was dadurch bewiesen wird, daß Hund, Katze, Uhr usw. in anderen Sprachen mit ganz anderslautenden Kinderwörtern bezeichnet werden. Dies ist ein wichtiges Ergebnis unserer Untersuchungen.

Globalwörter stehen häufig am Anfang des eigentlichen Spracherlernungsprozesses. Wie aber geht es weiter? Hat das Kind das Begriffsnetz seiner Muttersprache erst einmal an einem Zipfel erfaßt, ist erst einmal Lautung und Inhalt zu einer ersten Synthesis verschmolzen, also ein erstes Wort bzw. sprachliches Zeichen entstanden, geht es erst langsam, dann immer schneller vorwärts, so daß man von einem Schneeballeffekt sprechen könnte.

So wie sich die Sinne des Kindes nach allen Seiten öffnen, wie es dreidimensional sehen und Farben unterscheiden lernt, wie es besser zu hören beginnt, eine weitere Palette von Geschmacksnuancen und Gerüchen unterscheidet und wie der über den ganzen Körper verteilte Tastsinn den Kontakt mit der Gegenstandswelt fördert und erleichtert, so mehren sich auch die Sprachmittel, mit denen die neuen Erfahrungen gewortet, d.h. in Sprache umgesetzt werden. Der Geist und mit ihm die Sprache weiten sich nach allen Seiten. Versucht man das, was sich hier vollzieht, in einem anschaulichen Modell darzustellen, so müssen zweidimensionale Darstellungsformen als unzureichend ausscheiden. Man muß nach einem dreidimensionalen Modell Ausschau halten.

Ich entwickelte zur Illustrierung dieses Spracherlernungsprozesses ein Kugelmodell, das aus mehreren Gründen das Gemeinte gut veranschaulichen hilft.

Im Mittelpunkt des Modells ist das neugeborene Kind zum Zeitpunkt der Geburt zu denken. Es kommt unfertig zur Welt, seine Sinne sind noch nicht geöffnet und voll funktionsfähig, es ist noch völlig abhängig von seinen Betreuern, ein Mängelwesen zumindest in diesem Anfangsstadium. Nun werden die Sinne allmählich "markreif", d.h. an die Nervenbahnen angeschlossen, das Kind beginnt richtig zu sehen, zu hören, zu fühlen, zu schmecken usw. Mit dem Einsetzen sinnlicher Erfahrung weitet sich auch der geistige Horizont nach allen Seiten. Wie eine Seifenblase oder ein Luftballon, den man aufbläst, vergrößert sich die Erfahrungwelt des Kindes, und mit dem Einsetzen des Prozesses der Spracherlernung lassen sich auf der wachsenden Kugel die neuerworbenen Sprachmittel so eintragen, daß der Zuwachs sichtbar wird. Da das Modell statisch bleibt, ist hier aber zu weiteren Hilfsmitteln der Darstellung zu greifen. Man kann sich eine erste noch kleine Kugel denken, die den nach einem Jahr erreichten Entwicklungsstand auf ihrer Peripherie in Form aufgetragener sprachlicher Daten festhält. Die Entwicklung geht weiter, die Kugel wächst und erreicht mit zwei Jahren die doppelte Größe, die wiederum festgehalten und mit den neu hinzugewonnenen Daten besetzt wird. Eine dritte Kugel soll schließlich das mit drei Jahren erreichte Sprachstadium festhalten und auf der Oberfläche den gesamten erreichten Sprachbesitz vorzeigen. Allerdings läßt sich der gesamte mit drei Jahren erreichte Sprachbesitz nicht mehr auf der Peripherie der dritten Kugel auftragen. Im tatsächlich realisierten Modell mußte also eine Auswahl vorgenommen werden. Wenden wir uns der Einjahreskugel zu: sie ist noch dünn besetzt. Vorhanden sein können erste sprachliche Ansätze im Bereich der Nahrungsaufnahme (etwa ham-ham für essen), der Tierbezeichnungen (wau-wau für Hunde und andere Lebewesen), der Bezugspersonen (mama für Mutter oder andere Betreuer), der Hinweiswörter (<u>dada!</u> als Demonstrativum usw.).

So zeichnen sich erste Sprachinseln ab im Bereich der Bezugspersonen, der Ernährung, der "zuhandenen" Gegenstände usw. "Kontaktlaute" verschiedener Art dienen zusätzlich dem Ausdruck von Gefühlen und Willensäußerungen. Hinweise auf Tätigkeiten und auf im Raum befindliche Gegenstände kommen hinzu. Das Kind versteht jetzt schon weit mehr, als es verlautbaren kann. Es begreift Gebote und Verbote verschiedener Art und beweist dies durch seine Reaktionen. Die Einjahreskugel ist zwar noch dünn besetzt, zeigt aber deutlich das Erwachen des Geistes am Leitseil der ersten Sprachmittel, die verfügbar werden. Auf dieser Stufe häufen sich noch die unspezifischen Globalworte, deren Zahl nach unseren Beobachtungen zwischen fünf und fünfzehn schwankt. Aber nach Vollendung des ersten Lebensjahres schreitet die Entwicklung beschleunigt voran. Die doppelt so große Zweijahreskugel zeigt bereits einen recht umfangreichen Wortschatz, der sich in ca. 18 bis 20 verschiedenen Sinnbereichen anordnen läßt. Der Ausdruck "Feld" wäre hier, wie schon gesagt, noch verfrüht, was sich aber andeutet, sind Felder im Werden, <u>in statu nascendi</u>. Dies wird später noch deutlicher. Die Dreijahreskugel schließlich zeigt nach unserer Einteilung 22 Sinnbereiche, von denen mehrere bereits als echte feldartige Gliederungen bezeichnet werden dürfen. Zwar stammt die Anordnung des Wortmaterials von uns, sie entspricht aber den gegebenen sachlichen Zusammenhängen ebenso wie den nachbarlich-sprachlichen Bezügen. Was in der gegebenen Erfahrungswelt zusammengehört, ist auch sprachlich entsprechend verbunden, und wo der Sprachzusammenhang gliedernd wirksam ist, ist eine Zusammenrückung im Diagramm berechtigt. Wir haben diese Sinnbereiche durch farbig umrandete Sechsecke dargestellt und mit bestimmten Kennwörtern bezeichnet. Die Anordnung dieser Sinnbereiche mußte naturgemäß nebeneinander auf der Kugeloberfläche vorgenommen werden. Dabei muß aber bedacht bleiben, daß alles mit allem zusammenhängt und daß stets von einem Sinnbereich in den anderen übergewechselt werden kann. Für unsere Anordnung sind noch Gründe zu nennen. Natürlich gibt es im Spracherlernungsprozeß keine leeren Zwischenräume, wie sie im Dreikugelmodell zwangsläufig auftreten. Was dazwischen geschieht, läßt sich nur ausschnitthaft zeigen.

Man kann sich das Modell in zwei Hälften zerlegt denken (unser Modell ist entsprechend zerlegbar) und zwischen beiden Hälften eine Kreisfläche einfügen, auf der exemplarisch die Entfaltung der durch diese angeschnittenen Felder in Gestalt der entsprechenden Wortschatzdiagramme aufgezeichnet wird. Denkt man sich solche Kreisflächen nach allen Richtungen eingeschoben, so würde die Entfaltung des gesamten Wortschatzes sichtbar. Man könnte sich auch ein Geflecht von "Wort-Strahlen" denken, die vom Kreisinneren zur Dreijahresperipherie führen und sich dabei nach allen Seiten ausdehnen und verzweigen. Auf der Außenfläche wären dann so viele Wörter aufzutragen, wie Endstrahlen auftreffen. Das ergäbe ein eindrucksvolles Gesamtbild. Das Modell kann dies aus Raum- und Darstellungsgründen nur abstrakt verkürzt andeuten.

Was hier entsteht, darf mit Recht als das sprachliche Weltbild des Kindes in statu nascendi bezeichnet werden. Man mag nun einwenden, hier sei ein Modell ersonnen worden, um einen vorgefaßten Weltbildgedanken zu beweisen. Dazu ist aber zu sagen, daß die Befunde eine solche Darstellung doch nahelegen und daß bisher keine bessere Darstellungsform gefunden worden ist. Das Wortgut entfaltet und differenziert sich, wie gesagt, in 22 Sinnbereichen. Auch diese Zahl hat sich bei den Auswertungsarbeiten ergeben und war nicht vorherzusehen. Sie ist auch nicht entscheidend. An einem Sinnbereich sei nun beispielhaft angedeutet, wie der Prozeß verläuft: Die Tierwelt begegnet dem Kleinkind in unserem "Hundeland" häufig in Gestalt von Hunden, die ihm von den Erwachsenen als wauwau vorgestellt werden. So zieht diese Lautung den allge.- meinen Sinn 'vierbeiniges Tier' auf sich und wird gebraucht, um alle begegnenden Vierbeiner, nicht nur Hunde, sondern auch Katzen, Pferde, Kühe usw. zu bezeichnen.

Als Globalwort umfaßt wauwau noch sehr vieles, die Tiere selbst, aber u. U. auch ihr Fell, das man anfassen kann, und die Laute, die die Tiere von sich geben. Sehr bald aber wird dem Kinde durch Korrekturen und weitere Vorschläge der Erwachsenen klar, daß nicht alles wauwau ist, sondern daß es da manche größere Lebewesen gibt, die man mit hottehotte 'Pferd', mumuh 'Kuh' usw. erfassen kann, und kleine Tiere, die z.B. als miau 'Katze' zu bezeichnen sind. Es setzt also ein Differenzierungsprozeß ein, der durch neue Erfahrungen und elterliche Hilfe gesteuert wird. Bald erkennt das Kind auch, daß andere Tiere fliegen können: da gibt es z.B. Gefiederte, die global mit piepiep erfaßt werden können und kleine ungefiederte, für die sich Ausdrücke wie sumsum, später fliege, schmetterling usw., meist noch in kindlich verstümmelter Lautung, einstellen können. Und es gibt Tiere, die im Wasser leben und z.B. im Aquarium zu betrachten sind, fische also. Schließlich kriecht noch vieles Kleingetier am Boden herum, wurm, käfer usw.

Was zuerst erlernt wird, hängt von den konkreten Erfahrungen und Umständen ab. Häufig ist zu beobachten, daß sich entsprechend den Lebensbereichen der Tiere eine erste grobe Vierteilung ergibt: auf der Erde herumlaufende Vierbeiner, in der Luft fliegende Zwei- und Sechsbeiner, auf der Erde herumlaufende Mehrbeiner bzw. beinlose Kriecher und im Wasser lebende mit Flossen ausgestattete Fische.

Dies entspricht übrigens auch der ersten großen Einteilung der Tierwelt, wie sie uns im Schöfungsbericht der Bibel vorgeführt wird. Das Kind muß in der Folge dauernd weitere Unterscheidungen beachten lernen und gelegentlich auch umdenken und neugliedern. Das Ergebnis ist in jedem Fall erstaunlich.

Zwei Beispiele: Das Mädchen VERENA beginnt mit 1 Jahr, 3 Monaten (1;3) ziemlich parallel mit wauwo/wauwau für Hunde und Kühe, ja sogar für Vögel, mies mies für Katzen, wein für Schweine und dann auch wuh (muh) für Kühe. Hier geht es also noch ziemlich willkürlich und ungeordnet zu. Mit 1;8 kommt ein regelrechter Schub von Ausdrücken hinzu, insgesamt sind es schon 24. Einbezogen sind Ausdrücke für Körperteile wie Auge und Mund und Tätigkeiten wie beiss für Fressen, hopp hopp und tipp tipp für Fortbewegungsarten. Mit drei Jahren verfügt VERENA bereits über 81 Bezeichnungen im Sinnbereich der Tiere. Bilderbuch und Zoobesuch haben dabei auch schon Exoten wie Elefant, Kamel, Krokodil usw. hinzugebracht.

Der Junge NILS beginnt mit ungefähr einem Jahr mit wowo/wuwu/wauwau als Globalwort, erweitert seinen Wortschatz kontinuierlich, hat den stärksten Zuwachs um 2;8 herum und verfügt mit 3 Jahren über 108 Bezeichnungen.

Sicher wird niemand beanstanden können, daß das Tierreich zusammenfassend dargestellt wird, und es ist auch nicht zu bestreiten, daß dieser sprachliche Sinnbereich tatsächlich einen auch in der Natur zusammengehörigen Lebensbereich erfaßt.

So aber sind auch die anderen Sinnbereiche als natürliche Ausschnitte der kindlichen Erfahrungswelt zu betrachten, zu denen die Sprache den geistigen Zugang eröffnet. Bei der Anordnung der Sinnbereiche auf den Kugelperipherien des Modells und in den zu diesem Zweck hergestellten Diagrammen sind wir den tatsächlichen Zusammenhängen gefolgt und haben nebeneinander gestellt, was auch im Leben des Kindes zusammengehört bzw. als zusammengehörig erlebt wird. So liegt der erste zentrale Bereich, in dem Bezugspersonen wie mama und papa erfaßt werden, unmittelbar neben dem Bereich "Ernährung", wo Ausdrücke für essen, trinken und Lebensmittel erscheinen. Engbenachbart ist der Sinnbereich "Körperteile", den das Kind beim Waschen und Baden kennenlernt.

Hinzu kommt der Bereich "Kleidung". Es folgen die Bereiche der Wohnung, in der das Kind lebt, dann das Draußen von Garten und näherer Umwelt. Tiere und Fahrzeuge begegnen drinnen als Spielzeuge, draußen als normale Gegenstände. So ergibt sich das, was wir ein sprachliches Weltbild nennen können, aus der Natur der Gegebenheiten heraus und darf nicht als Ergebnis systemsuchender Beobachter gewertet werden. Manches freilich läßt sich nicht in solchen Sinnbereichen unterbringen, weil es übergreifend alle Sinnbereiche betreffen kann. Das gilt für viele Verben, angefangen von <u>haben</u> und <u>sein</u> über <u>machen</u>, <u>tun</u>, <u>werden</u> usw. bis zu den vielen Bezeichnungen für Tätigkeiten und Vorgänge, mit denen das Kind in den ersten drei Lebensjahren bekannt wird. Beim Mädchen VERENA sind dies bereits 244 Bezeichnungen, beim Jungen GERRIT gar 285 Bezeichnungen. Auffallende Unterschiede zwischen Jungen und Mädchen sind, sofern feststellbar, beachtet. Häufig sind die Mädchen den Jungen um 2 - 3 Monate voraus, aber bald stellt sich doch ein gewisser Ausgleich wieder ein.

Die Entwicklung in den einzelnen Sinnbereichen ist auf 50 Diagrammen veranschaulicht, die dem Buch in einem Schuber beigegeben sind.

Es handelt sich um verschieden große Faltblätter, auf denen die Wortschatzentwicklung eines Sinnbereichs zeichnerisch in Diagrammform über den Zeitraum der ersten drei Jahre hinweg dargestellt wird.

Niemand hat bis heute gewußt - und nachgewiesen -, daß ein Kind mit drei Jahren bereits bis zu 2000 Wörtern aktiv beherrscht. Nimmt man die zahlreichen Deklinationsformen und Verbformen hinzu, die in den Diagrammen gar nicht alle erfaßt werden konnten, so kann man mit bis zu 3000 Lexemen rechnen.

Bedenkt man, daß dem Bundeskanzler Adenauer in der Boulevardpresse ein Wortschatz von 1000 Wörtern zugesprochen wurde, wird schlagend deutlich, wie dumm solche Mutmaßungen waren. Die Wortschatzzählungen liegen im übrigen noch völlig im Argen, vor allem deshalb, weil nicht klar ist, was eigentlich gezählt werden soll. Zählt man nur die Lautungen, bleiben die Zahlen wesentlich unter dem tatsächlichen Bestand.

Als Beispiel sei die Lautung <u>die</u> genannt, die im Deutschen sehr häufig ist. Es wäre sicher falsch, sie als e i n Wort zu zählen, denn es gibt im Deutschen mindestens 8 nach Inhalt und Funktion verschiedene <u>die</u> : fem. Artikel im Nominativ und Akkusativ Singular, im Nominativ und Akkusativ Plural (hier auch für masc. und neutrum), <u>die</u> als Relativpronomen, wieder in den genannten Kasus und Numeri. Außerdem kann <u>die</u> hinweisend/demonstrativ sein. Kurzum es gibt viele die, die klar zu unterscheiden sind und nicht als e i n Wort gezählt werden dürfen. Man kann von Homonymen sprechen (gleiche Lautung, verschiedener Inhalt). Berücksichtigt man, daß es von solchen Fällen in der Sprache geradezu wimmelt, so muß man folgern, daß alle Wortschatzzahlen, die bisher für Kinder und Erwachsene vorgeschlagen worden sind, viel zu niedrig liegen. Nimmt man hinzu, daß der passive Sprachbesitz sowohl bei den Kindern als auch bei Erwachsenen mit Sicherheit weit größer ist als der aktive, so wird diese Skepsis über die Haltbarkeit bisheriger Annahmen noch erheblich verstärkt.

Wirft man einen Blick auf die heute "gehandelten" Zahlen, über die der SPIEGEL kürzlich unter dem Titel "Ein halber Goethe" [9] berichtete, so wird die desolate Forschungslage überdeutlich. Hier werden z.B. Goethe aufgrund des Goethe-Wörterbuchs (das im übrigen noch in den Anfängen steckt!) mindestens 80000 Wörter, Skakespeare aufgrund der Harvard-Konkordanz rund 29000 Wörter zugestanden. Da beide Dichter sicher nicht alles, was sie an Wörtern besaßen, in ihrem literarischen Werk gebraucht haben, sind diese Zahlen ohnehin nicht als Angabe über ihren tatsächlichen Wortschatz zu brauchen. Im übrigen werden in dem Spiegelartikel Zahlen von 12000 bis zu 50000 Wörtern aufgetischt. Das zeigt, daß auf diesem Gebiet noch alles zu tun ist.[10] Aber der Sprachbesitz erschöpft sich ja nicht im Wortschatz. Wörter sind ja nur die Elemente lebendiger Rede in Sätzen und Texten. Hier haben nun unsere Untersuchungen ergeben, daß Kinder mit drei Jahren das nachgewiesene Wortgut in 10 bis 15 Satzbauplänen einschließlich Frage und Verneinung gebrauchen können. Sie können in einfacher Weise über alles reden, was sie erleben und erfahren. Sie beherrschen aber auch schon komplexere Satzstrukturen mit Haupt- und Nebensätzen und können wichtige wenn-dann Beziehungen usw. klar ausdrücken.

Räumliche und zeitliche Verhältnisse werden ebenfalls schon zutreffend gewortet, wobei allerdings der Bereich des Zeitlichen mit drei Jahren noch recht defizitär ist. Das Mädchen FRIEDERIKE verfügt mit 3;0 über 88 Bezeichnungen in diesem Bereich, der Junge HOLGER über 49. Dabei sind noch nicht sämtliche Verbformen einbezogen, in denen schon deutlich Zeitbezüge stecken.

Für die Beurteilung des kindlichen Denkvermögens ist auch die Entwicklung bestimmter Begriffe wie z.B. die Herausbildung des ich über verschiedene Zwischenstufen hinaus aufschlußreich. Auch dies ist in zwei Diagrammen exemplarisch belegt. Hier kann nun der ganze Schatz unserer Ergebnisse nicht im einzelnen ausgebreitet werden.

Wohl seien abschließend die wichtigsten Phänomene und Tendenzen angeführt, die wir als Ergebnisse in unserem Buch S. 260 bis 270 festgehalten haben.

1. Von den Lautungen der ausgehenden Lallphase zu den typischen Kinderwörtern und einzelsprachliche Ausprägungen

Spontan artikulierte, aber noch sinnfreie Lautungen werden von den Bezugspersonen aufgegriffen und mit dem Sinn gefüllt, den sie den Lautungen zuerkennen. Dabei machen sich einzelsprachliche Gewohnheiten geltend.
Beispiel: <u>mama</u> 'Mutter' (aber georgisch: <u>mama</u> 'Vater').

Wie aus den weiteren Beobachtungen hervorgeht, werden nicht nur solche universell auftretenden Lautungen wie <u>mama</u> u.ä. so genutzt, sondern auch individuelle Zufallsproduktionen. Dies wird besonders im Abschnitt 9.2. gezeigt, wo beispielsweise die von DENNIS im Zeitraum von 0;8 bis 0;11 hervorgebrachten Lautungen <u>gaak</u>/<u>gaak</u> <u>gaak</u>/<u>gaga</u> von der Familie als allgemeine Begrüßung <u>gaak</u> akzeptiert werden, bis <u>mama</u> für 'Mutter' hinzukommt und <u>gaak</u> allmählich zur Bezeichnung von Enten und anderen Wasservögeln frei wird. Dabei kann auch elterlicher Einfluß wirksam gewesen sein. Die Übersicht S. 100 ff. zeigt deutlich, welche silbischen Lautgebilde in dieser Weise zu ersten Zeichenkörpern für bestimmte Gegenstandsbereiche werden.

2. Onomatopoetische Bildungen

Das Kind versucht Lautnachahmungen von Geräuschen, mit oder auch ohne Unterstützung der Erwachsenen, und gelangt zu kindertümlich onomatopoetischen Bildungen, die auf diese Geräusche und deren Quellen hinweisen.
Beispiel: <u>brr</u> 'Auto/Flugzeug'.

Solche onomatopoetischen Bildungen übernehmen häufig die Rolle von Globalwörtern, d.h. sie können ganz verschiedene Geräuschquellen bezeichnen. Sie treten verständlicherweise vornehmlich in zentralen Sinnbereichen auf, in denen solche Geräusche vorkommen, zum Beispiel in den Sinnbereichen 'Tiere', 'Fahrzeuge und Verkehr' und in dem zentralen Bereich 'Geräusche' (vgl. dazu Kapitel 6 und die entsprechenden Diagramme).

3. Imitation bzw. Repetition

Gehörte Lautungen werden nachgeahmt; das Kind versucht aus der Situation heraus, meist mit Hilfe der Erwachsenen, deren geltenden Sinn zu erfassen. Onomatopoetische Bezüge sind häufig.
Beispiel: <u>tiktak</u> 'Uhr'; <u>wauwau</u> 'vierbeinige Lebewesen' → 'Hund'.

Das Phänomen der Nachahmung (Imitation) und Wiederholung (Repetition) zeigt sich in ausgeprägter Weise, nachdem sozusagen der erste Zipfel der Sprache erfaßt ist, besonders bei der Erprobung einfacher sprachlicher Äußerungen des Kindes im Wechselspiel mit den Bezugspersonen, die diese Versuche unterstützen. Bemerkenswert ist, daß Lautungen wie <u>tiktak</u> und <u>wauwau</u> bereits elterlichen Eingriff verraten. Sie kommen so spontan nicht vor, wohl aber kindliche Ansätze wie <u>wo-wo</u> und <u>wu-wu</u> (bei NILS bis 1;1, dann aber auch schon <u>wau-wau</u>).

Jede Sprache verfügt über ein ganzes Repertoire solcher bereits tradierter Lautungen im kindersprachlichen Bereich, die von den Erwachsenen in den frühen Spracherwerb immer wieder erneut eingeschleust werden (sogenannte Ammensprache).

4. Globalworte

Erste sinnhaltige Lautungen werden für zahlreiche verschiedene, jedoch meist verwandte Gegenstände verwendet. Einschränkungen folgen später.
Beispiel: <u>papa</u> alle 'großen Menschen', alle 'Männer', alle 'Väter', d.h. Männer, die Kinder bei sich haben (<u>ein papa</u>), nur 'der eigene Vater'.
Grobe "Kategoriefehler" sind relativ selten.

Beispiele hierfür bieten die Kapitel 6 und 7. So kommt es vor allem am Anfang des Spracherlernungsprozesses öfter vor, daß die erste in einem Sinnbereich gewonnene Bezeichnung vieles umfaßt, was in diesen Bereich gehört. Beispielsweise kann die Lautung <u>wauwau</u> zunächst für alle vierbeinigen Tiere stehen, bis sie durch hinzukommende Lautungen wie <u>hottehotte</u> für Pferd oder <u>mumuh</u> für Rinder bzw. große Vierbeiner u.ä. immer mehr eingeschränkt und schließlich für Hunde vorbehalten bleibt. Hinzu kommt aber außerdem, daß die Globalworte im Situationskontext auch noch durch eine entsprechende Betonung verschiedene Aussagefunktionen erfüllen können (Wunsch, Befehl, Frage, Feststellung usw.).

5. Orientierung an normsprachlichen Bezeichnungen

Eine sinnerfüllte Lautung wird für einen Gegenstand bzw. eine Erscheinung und deren Gegenteil verwandt.
Beispiel: <u>obn</u>/<u>auf</u> für 'oben', aber auch für 'unten', <u>(h)eiß</u> für 'heiß', aber auch für 'kalt'.

Spätestens an der Schwelle vom zweiten zum dritten Lebensjahr richtet sich die Kindersprache in wachsendem Maße an der Erwachsenensprache, d.h. an der gebräuchlichen und geltenden Norm, aus, auch wenn dies besonders in lautlicher Hinsicht noch nicht immer gelingt. Bei diesem Anpassungsprozeß müssen die neuerworbenen Sprachmittel, ähnlich wie bei den Globalworten, zunächst noch mehrere Funktionen übernehmen. So muß das ersterworbene Glied einer Opposition, wie oben an Beispielen gezeigt, auch das Gegenglied mit vertreten. Aber auch ähnliche übergreifende Verwendungsweisen kommen häufig vor: ein Teilbegriff steht zum Beispiel für das Ganze (<u>pars pro toto</u>) oder es finden verschiedenartige Begriffsübertragungen statt, wie dies im 7. Kapitel gezeigt wurde.

6. Erste Eigennamen

Auch Eigennamen, zum Beispiel Vornamen von Kindern, werden kindertümlich nachgeahmt. Sie können wortartig auf andere Kinder übertragen oder zutreffend auf den Namenträger beschränkt werden. Damit bahnt sich die sprachlich wichtige Unterscheidung von Eigenname (<u>nomen proprium</u>) und Wort (<u>nomen appellativum</u>) an.
Beispiel: <u>bebe</u> als Eigenbezeichnung, dann für alle kleinen Kindern; <u>Uwe</u> für alle Kinder, dann nur für den Namenträger <u>Uwe</u>.

Die Unterscheidung von Name und Wort, auf die bereits hingewiesen worden ist, wird vom Kind mit wachsendem Spachbesitz in zunehmendem Maße richtig vollzogen. Das Kind merkt, daß bestimmte Lautungen einzelnen Personen oder Gegenständen individuell zugeordnet und daher nicht übertragbar sind. Es beginnt, die Namenfunktion richtig zu erfassen. Konfliktsituationen tragen zur deutlichen Differenzierung bei. <u>Mama</u> ist sicher zunächst nur die eigene Mutter, aber auch andere Kinder haben eine Mama. Wenn die Bezeichnung <u>Mutter</u> erworben ist, bietet sich zum Beispiel die Möglichkeit, die eigene und andere Mütter als <u>Mama</u> und <u>Mutter</u> zu unterscheiden u.ä. <u>Mama</u> gewinnt damit namenartigen Charakter. Im Sinnbereich 'Personenbezeichnungen, Pronomen und Artikel' lassen sich diese Differenzierungen gut nachvollziehen.

7. Zunehmende Bezeichnungsdifferenzierung

Die zunächst auf ähnliche Phänomene ausgedehnten Wortgebilde werden nach dem Erwerb differenzierender Nachbarbezeichnungen auf den Gegenstandsbereich eingeschränkt, für die sie in der geltenden Sprachnorm vorgesehen sind. Beispiel: <u>wauwau</u>, zunächst für alle Vierbeiner, bleibt nach Abspaltung von <u>muhkuh</u> und <u>hottehotte</u> für Hunde und möglicherweise für kleinere Vierbeiner (Katzen usw.) erhalten.

Was hier angesprochen wird, ist bereits unter Punkt 4 teilweise mitbehandelt worden. Mit wachsender Bedeutungsdifferenzierung werden die einzelnen Bezeichnungen immer stärker auf die in der Normsprache geltenden Bedeutungen und Anwendungsbereiche eingeschränkt. Dies wird besonders im Kapitel 7 und in den dortigen Abbildungen sichtbar.

8. Ablösung kindertümlicher durch normsprachliche Bezeichnungen

Kindertümliche Bezeichnungen werden allmählich durch die normsprachlichen abgelöst:
Beispiel: <u>wauwau</u> → <u>Hund</u>; <u>mamam</u> → Essen.

Der hier nochmals gesondert genannte Ablösungsprozeß der eigentlichen Kindersprache durch die Erwachsenensprache geht ganz allmählich und individuell verschieden vor sich. Eine Zeitlang können die kindertümlichen Ausdrücke neben den erwachsenensprachlichen weiterbestehen. Wann und ob sie ersetzt werden, hängt nicht zuletzt mit dem Grad des Einflusses der Erwachsenen zusammen. Es kommt zum Beispiel vor, daß die Eltern das Aufgeben der ersten Lautungen bewußt fördern, weil ihnen das Kind zu deren Gebrauch schon zu groß erscheint. Das Kapitel 7 und die dortigen Sonderdiagramme verdeutlichen diese Entwicklung.

9. Aufbau von Begriffsordnungen mit Ober- und Unterbegriffen; neue, zutreffende Oberbegriffe lösen vorläufige kindertümliche Zusammengriffe ab.

Beispiel: wauwau für alle Tiere, wird auf 'Hund' zuspezialisiert. Tier wird neuer Platzhalter des begrifflichen Zusammengriffs.

10. Oberbegriffe der Erwachsenensprache, die für den Umgang des Kindes mit den Dingen unwichtig sind, werden erst relativ spät, d.h. nach drei Jahren erworben

Beispiel: Essen/Nahrungsmittel folgt lange nach Milch, Brot, Butter usw. Geschirr folgt lange nach Tasse, Becher, Teller usw. Möbel folgt lange nach Stuhl, Tisch, Bett usw.

Die hier angesprochenen Begriffsverschiebungen hängen eng mit dem wachsenden normsprachlichen Einfluß zusammen. Vorbegriffliche Stadien werden allmählich überwunden und mit wachsendem Abstraktionsvermögen werden Begriffsordnungen und Begriffshierarchien wirksam, die in der deutschen Hochsprache ausgebildet sind. Dieser Begriffsbildungsprozeß geht aber weitgehend unbewußt vor sich. Der Sprachgebrauch führt in den verschiedenen Situationen und Lebenslagen "von selbst" zur Beherrschung der geltenden Gliederungen. Das Kapitel 7 und der Sinnbereich "Pronomen und Artikel" bieten dafür eindrucksvolle Belege.

11. Die Gewinnung von gültigen Oberbegriffen sollte besonders beim Kleinkind nicht mit bewußter Abstraktionsleistung verwechselt oder mit ihr gleichgesetzt werden. Wenn das Allgemeine häufig dem Besonderen vorangeht, dann ist das eher seiner Kraft zu verdanken, vieles ansprechbar und damit erreichbar zu machen, als etwa der Fähigkeit zu bewußtem Abstrahieren von Einzelheiten.

Diese Beobachtung hängt eng mit dem unter 9. und 10. Gesagten zusammen.

Der hier angesprochene gedankliche Prozeß vollzieht sich bei den einzelnen Kindern recht unterschiedlich. Es zeigen sich dabei sowohl geschlechtsspezifische Unterschiede (Mädchen sind den Jungen durchschnittlich drei bis sechs Monate voraus) als auch individuelle Besonderheiten. Hier erweisen sich zum Beispiel die Frühentwickler und die Kinder, die von den Bezugspersonen besonders gefördert werden, zeitlich im Vorteil. Im Sinnbereich 'Fahrzeuge und Verkehr' lassen sich zum Beispiel geschlechtsspezifische Unterschiede feststellen, im Sinnbereich 'Spiel' sind Früh- und Spätentwickler, wie die entsprechenden Kommentare zeigen, besonders deutlich nachweisbar.

12. Leitprinzipien des kindlichen Spracherwerbs sind Effektivität und Ökonomie. Das Kind sucht aus ganz naheliegenden praktischen Gründen mit wenigem vieles zu erreichen und folgt damit dem ökonomischen Prinzip des geringsten Arbeitsaufwandes. Es ist bestrebt, die verfügbaren Sprachmittel, so begrenzt sie auch sein mögen, optimal auszunutzen. Wo es nicht weiterkommt, sucht es, mit Eigenbildungen Lücken zu füllen. Während später auch in einzelnen Sinnbereichen manchmal das Wortgut überdurchschnittlich anwächst und bestimmte Interessen kennzeichnet, erweisen sich die genannten Prinzipien besonders in den Anfangsstadien durchaus als wirksam.

Überblickt man alle Ergebnisse und legt sich dazu einmal alle Diagramme vor, so ergibt sich ein eindrucksvolles Bild: Das dreijährige Kind ist in der Tat auf dem besten Wege, ein kompetenter Sprecher seiner Sprache zu werden. Es hat die sprachlichen Grundstrukturen in Wortbildung und Satzbau bereits richtig erfaßt und kann mit Erwachsenen und Altersgenossen auf dem erreichten Sprach- und Denkniveau durchaus sinnvoll kommunizieren. Ab drei Jahren geht es dann so rapide vorwärts, daß unsere mitarbeitenden Eltern alle bald gestreikt hätten, denn als Nebenbeschäftigung ist das weitere Beobachten und Aufzeichnen einfach nicht mehr durchzuhalten.

Es hat sich gezeigt, daß das Kind mit dem Prozeß der Spracherlernung auch sein Denkvermögen entwickelt, daß es "unterwegs zur Sprache" seine Welt in wachsendem Maße geistig erfassen lernt. Alles, was nach drei Jahren folgt, ist Ausbau des hier Grundgelegten.

Dringend wünschenswert wäre es, daß andere Forscher das Begonnene fortsetzten.[11] Ob sich allerdings Gelehrte und Eltern finden, die sich dieser entbehrungsreichen Aufgabe weiter annehmen, bleibt abzuwarten. Ohne viel Geduld - und Geld! - wird das kaum zu schaffen sein. Und doch ist es lohnend und auch nötig. Haben wir nicht als Angehörige einer Kulturnation das Recht, zu erfahren, was es eigentlich bedeutet, Sprachwesen Mensch zu sein!

Anmerkungen

1. Eine Übersicht über die von uns gesichtete Literatur bieten K. Adamzik/ P. Schmitter: Spracherwerbsforschung. Auswahlbibliographie der Literatur bis 1977 Münster: Institut für Allgemeine Sprachwissenschaft ^{3}1982 (Studium Sprachwissenschaft 3).
2. Vgl. H. Gipper: Die genetische Interpretation der Sprache In: L. Landgrebe (Hrsg.): 9. Deutscher Kongreß für Philosophie. Düsseldorf 1969. Philosophie und Wissenschaft. Meisenheim am Glan: Haim 1972, 270 - 284.
3. Vgl. W. v. Humboldt: Ueber die Verschiedenheit des menschlichen Sprachbaues und ihren Einfluss auf die geistige Entwicklung des Menschengeschlechts (1830 - 1835). Gesammelte Schriften, Akademieausgabe von Leitzmann, Nachdruck Berlin: de Gruyter 1968, Bd. VII, 177 und 46, sowie H. Gipper: W.v. Humboldt als Begründer moderner Sprachforschung. Wirkendes Wort 15, 1965, 1 - 19.
4. Vgl. L. Weisgerber: Gundzüge der inhaltbezogenen Grammatik. Düsseldorf: Schwann, 1. Halbbd. ^{3}1962 (Von den Kräften der deutschen Sprache, I) sowie H. Gipper: Bausteine zur Sprachinhaltsforschung. Düsseldorf: Schwann ^{2}1969.
5. Vgl. H. Gipper: Die Sonderstellung der menschlichen Sprache gegenüber den Verständigungsmitteln der Tiere. Mitteilungen der Berliner Gesellschaft für Anthropologie, Ethnologie und Urgeschichte 5, 1977, 26 - 67, sowie ders.: Der Mensch als Sprachwesen. In: Der Mensch nimmt die Erde in Besitz. Studium Generale Wintersemester 1982/83; Münster: Aschendorff 1984, 33 - 80 (Schriftenreihe der Westf. Wilh.-Universität).
6. Vgl. dazu E. H. Lenneberg: Biologische Grundlagen der Sprache. Frankfurt a.M.: Suhrkamp 1972 (Engl. Original 1967), u.B. Marquardt: Die Sprache des Menschen und ihre biologischen Voraussetzungen. Tübingen: Narr 1984.
7. (1941), Frankfurt a.M.: Suhrkamp ^{4}1973 (Ed. Suhrkamp 330).
8. Vgl. R. A. Spitz: Die Entstehung der ersten Objektbeziehungen. Stuttgart: Klett ^{3}1973.
9. 40. Jg. Nr. 6 vom 3.2.1986.
10. Ein Ansatz ist der Beitrag "Zum Gesamtwortschatz der Kinder" von Wagner/ Altmann/Köhler in diesem Band (der Hrsg.).
11. Vgl. für die Sechsjährigen: Augst, Gerhard (Hrsg.): Kinderwort. Der aktive Kinderwortschatz (kurz vor der Einschulung) nach Sachgebieten geordnet mit einem alphabetischen Register. Frankfurt a.M./Bern/New York/Nancy (Lang) 1984 (der Hrsg.).

Angelika Redder

MODALVERBEN IM KINDLICHEN DISKURS
-ÜBERLEGUNGEN ZU IHRER ANEIGNUNG

Die Modalverben bilden, dies ist bekannt, eine im Deutschen recht gut entwickelte, besondere Klasse sprachlicher Ausdrücke. Vergleichsweise wenig weiß man indessen über die Entwicklung dieses Ausdrucksrepertoires im kindlichen Diskurs.
Ich will im folgenden einige Überlegungen dazu anstellen, die sich auf Behandlungen in der empirisch basierten Literatur und auf eigene handlungstheoretische Untersuchungen zu Modalverben in verschiedenen Diskursarten stützen. Zunächst fasse ich kurz die wesentlichen allgemeinen Bestimmungen von Modalverben beim sprachlichen Handeln zusammen (1.) und ziehe Konsequenzen für die kategoriale Analyse (2.) und die methodische Herangehensweise an ihre ontogenetische Aneignung (3.). Dem folgen Detailüberlegungen zu den wichtigsten Dimensionen des Modalverbgebrauchs und zu dessen Differenzierung im kindlichen Diskurs (4. - 9.). Die Argumentation ist exemplarisch angelegt.

1. Modalverben beim sprachlichen Handeln

Modalverben haben einen spezifischen Stellenwert für das sprachliche Handeln. Die Analyse der "Interrelationen von Modalverben" beziehungsweise der durch sie ausgedrückten Modalitäten von Ehlich & Rehbein (1972) (im Ergebnis ähnlich Calbert 1975) und konkrete, systematische Diskursanalysen (Brünner & Redder 1983; Redder 1984) haben folgendes gezeigt.
Mithilfe von Modalverben bringt ein Sprecher wesentliche Entscheidungspunkte der mentalen Phase einer Handlung zum Ausdruck. Den mentalen Prozessen entsprechend lassen sich zwei Gruppen unterscheiden; 'können', 'müssen', 'nicht brauchen' (als "pragmatische Negation" von 'müssen'; cf. Ehlich & Rehbein 1972) und 'dürfen' betreffen die Einschätzung von Handlungsmöglichkeiten oder -alternativen eines Aktanten; 'möchten', 'wollen' und 'sollen' betreffen die Ausbildung von Handlungszielen (cf. Redder 1983).
'dürfen' und 'sollen' nehmen einen besonderen Stellenwert ein, da sie auf

der Verknüpfung von Handlungsräumen zweier Aktanten basieren; sie überbrücken die Grenzen zwischen zwei Handlungsräumen. Dies geschieht charakteristischerweise im Rahmen einer sprachlichen Handlung, nämlich einer E͟r͟l͟a͟u͟b͟n͟i͟s͟ beziehungsweise einer A͟u͟f͟f͟o͟r͟d͟e͟r͟u͟n͟g͟. Auf den Status von 'werden' aus handlungstheoretischer Sicht will ich hier nicht näher eingehen (dazu ausführlich Redder 1984, 216 - 225).

Sprachsystematisch ergibt sich, daß mit den Modalverben eine "bestimmte umgangssprachliche Analyse von Sachverhalten vorgenommen wird, die für die Konstitution von Handlungen bedeutend sind", daß die Modalverben zum "pragmatischen Apparat der Sprache gehören" (Ehlich & Rehbein 1972, 319; 318). Diesen pragmatischen Apparat zweckmäßig verwenden zu lernen ist ein komplexer und für die Interaktion wesentlicher Prozeß bei der Ausbildung sprachlicher Handlungsfähigkeit.

2. Korpusanalyse vs. Thesaurierung

Kinder erwerben Ausdrücke in sprachlichen Zusammenhängen. Eine solche pragmatische Auffassung hat sich in der Kindersprachenforschung erst in den letzten zehn Jahren stärker durchgesetzt. Auf diesem Hintergrund erweist sich die traditionelle Wort-Satz-Linguistik für die Analyse des Spracherwerbs als unzureichend. Insbesondere wird das Konzept des 'Wortschatzes' in seiner thesaurierenden und statischen Qualität inadäquat. Andere methodische Herangehensweisen sind erforderlich. Dies gilt umsomehr, wenn die betrachteten sprachlichen Ausdrücke - wie etwa die Modalverben - in spezifischer Weise an die innere Struktur von Handlungen gebunden sind. Konkrete Verwendungen in gesprochener Sprache sind zu betrachten und einer detaillierten Diskursanalyse zu unterziehen.

Das Thema "Modalverben im kindlichen Diskurs" betrifft also einen Untersuchungsgegenstand, der dem Thema des Buches, dem "Wortschatzerwerb", nicht in einfacher und selbstverständlicher Weise zu subsumieren ist. Vielmehr weist er bestimmte Widerhaken auf und birgt methodisch-theoretische Kritik. Positiv orientiert er auf kindersprachliche Korpora, wie sie in Deutschland insbesondere von Wagner (1974/5), Ramge (1975) und Miller (1976) angelegt wurden, und auf deren pragmatische Auswertung.

Ich kann an dieser Stelle nicht auf das, wie ich meine, bislang noch nicht befriedigend gelöste Forschungsproblem eingehen, wirkliche, und das heißt zeitlich dichte Longitudinalstudien durchzuführen. Sowohl im Erst- wie auch im Zweitspracherwerb ist dieser Mangel - trotz erster Ansätze (z.B. Oksaar 1971, Felix 1978, Wode 1981, Clahsen 1982; anders für erwachsene Sprecher das Heidelberger Projekt 1977) - zu verzeichnen.

3. Analysekategorien

Dem genannten methodischen Erfordernis steht ein kategoriales zur Seite. Allgemein betrifft dies den Prozeß, der gewöhnlich als 'Erwerb' bezeichnet wird. Dieser Begriff faßt den Prozeß jedoch passivisch und unidirektional. Eine handlungstheoretisch angemessene Kategorie ist die 'Aneignung' (cf. Leontjew 1973). Damit wird die Ontogenese als Reproduktion kategorisiert. Ihre historisch-gesellschaftliche Handlungsqualität sowie das Wechselverhältnis von praktischen, mentalen und sprachlichen Prozessen sind so begrifflich gefaßt.

Die Theorie der sprachlichen Aneignung ist der nativistischen, LAD-basierten Auffassung[1] des Spracherwerbs entgegengesetzt. In Anknüpfung an die sowjetische Psychologie findet sie sich vielmehr bei Weigl (1977), Metze (1979), Martens (1979), in der Kritischen Psychologie von Holzkamp (1973, 1983) und, implizit, in der kognitiv-psychologischen und sprachlichen Forschung Bruners (Bruner, Goodnow, Austin 1956; Bruner 1974/5).

Ein Kind eignet sich kognitive Konzepte ebenso wie das sprachliche Ausdrucksrepertoire und dessen zweckmäßige Handhabung in aktiver Auseinandersetzung mit der Wirklichkeit an. Dies gilt in gleicher Weise für den pragmatischen Apparat der Modalverben. Mit der Aneignung der Modalitäten, die sprachlich in den Modalverben abgebunden sind, werden dem Kind zugleich elementare Kennzeichen sprachlicher und mentaler Tätigkeiten - wie Bedürfnis, Absicht, Handlungsraum - handlungsmäßig zugänglich. Aufgrund der pragmatisch determinierten Interrelation der Modalitäten wird des weiteren ein flexibler Umgang mit sprachlichen Ausdrucksmitteln erfahrbar. Dazu gehören z.B. die Anführung eines Müssens bei faktischem Nicht-Wollen (cf. Lindner 1983, 242) oder der fingierte Einwand eines Nicht-Könnens oder Nicht-Dürfens anstelle eines Nicht-Wollens (cf. Redder & Martens 1983, 2. Szene). In Kategorien sprachlichen Handelns gefaßt, betrifft die Aneignung von Modalverben ebenso den Bereich propositionaler Gehalte, den "p-Bereich", wie den Bereich mentaler Widerspiegelung von Wirklichkeit, den "π-Bereich" (cf. Ehlich & Rehbein 1977).

---
[1] In Termini von Chomsky (1986) handelt es sich um Theorien der "I-language" ("internalized language").

Die Ausbildung der an Modalverben gebundenen Modalitäten ist konstitutiv für den Ausbau des π-Bereichs im Sektor des Handlungswissens und des Musterwissens (s.u. 4.2). Dieser Zusammenhang macht deutlich, daß die Aneignung von Modalverben im Wechselverhältnis zu derjenigen anderer wesentlicher Handlungsdimensionen betrachtet werden muß. Dies sind insbesondere die Aktantenperspektive, welche vor allem in den Personaldeixis und Anaphern sprachlich gefaßt ist, und das Konzept der Negation im Unterschied zur Position.
Ich will meine Ausführungen nun auf einige Modalitäten im einzelnen beziehen.

4. Kindliche Bedürfnisse und ihre interaktive Bearbeitung – die Modalität des Wollens

Bedürfnisse – begreifbar als "gesellschaftlich herausgebildete Größen" (Rehbein 1977, 23) – bilden die Basis menschlichen Handelns. Sie auszudrücken ist eine grundlegende sprachliche Handlung. Solange einem Kind die verbalen Mittel dazu fehlen, werden seine Interaktanten, vorwiegend also die Eltern, umgekehrt bemüht sein, seine Bedürfnisse in Erfahrung zu bringen. Die verschiedenen nonverbalen und präverbalen Realisierungsformen von Bedürfnissen eines Kindes stehen mithin im engen Wechselverhältnis zu unterschiedlichen Realisierungsformen einfacher F̲r̲a̲g̲e̲n̲ und V̲e̲r̲m̲u̲t̲u̲n̲g̲e̲n̲ über seine Bedürfnisse durch die Eltern bzw. andere Erwachsene.

Ich will zunächst Äußerungsformen des Kindes behandeln, die auf Bedürfnissen aufruhen, dann die Differenzierung der Modalität in die von Bedürfnissen einerseits und Zielen und Absichten andererseits mehr theoretisch reflektieren und schließlich das Wechselverhältnis zur gesamten sprachlichen Handlung, ihrer illokutiven Qualität, sequentiellen Position und Praxiseinbettung exemplarisch diskutieren.

4.1 Erste Modalverbäußerungen und Sprecherdeixis

Bruner, Roy, Ratner (1982) legen eindrucksvoll die Entwicklung kindlicher Ausdrucksformen, die auf Bedürfnissen aufruhen, am empirischem Material dar und betrachten sie aus illokutiver Perspektive als "the beginnings of request". Demnach fügen sich Modulationen des Schreiens und Lautwerdens ("effort grunts"), verschieden intonierte Laute und Prä-Worte, wort- und satzartige Äußerungen mit charakteristischer Prosodie und teilweise imperativischen Formen[1], deiktische und gestisch-mimische sowie kinetische Äußerungsformen aneinander und ineinander. Bei italienischen Kindern beobachten Bates, Camaioni, Volterra (1979) ganz ähnliche Realisierungsformen; Halliday (1975) hat am Beispiel ebenfalls englischer Daten eine eigene "instrumental" oder "'I want'-function" differenziert.

Betrachtet man diese Ergebnisse - die im übrigen die klassichen Protokolle präzisieren - von den sprachlichen Mitteln her, so fällt das Zurücktreten der Intonation, die für Äußerungen auf Laut-, Prä-Wort und interjektionaler Basis prägend ist, gegenüber stärkerer Beanspruchung von Ausdrucksmitteln des deiktischen und symbolischen Feldes (im Sinne von Bühler 1934) auf. Diese Marginalisierung des intonatorischen Potentials entspricht dem englischen wie dem deutschen Sprachsystem. Allerdings entfaltet die Intonation in einer klassischerweise marginal behandelten Wortart, in den Interjektionen oder besser in den Ausdrücken des "Lenkfeldes" (cf. Ehlich 1986), ihre volle Funktionalität; des weiteren, im Englischen etwas reicher als im Deutschen, im Rahmen der Satzprosodie, wenn auch weniger vielfältig.[2] Im Lichte der sprachtheoretischen Darlegungen von Ehlich (1981) reproduziert sich mithin in der ontogenetischen Aneignung der "Sprachmittel" zu bestimmten "Sprachzwecken" die "Wahl", die eine Sprachgemeinschaft im Laufe der historisch-gesellschaftlichen Entwicklung bei der Ausbildung ihres Sprachsystems getroffen hat, sowie die "Adaptierung" des Systems an entwickeltere gesellschaftliche Bedürfnisse.

Wie steht es mit der Verwendung von Modalverben im Zusammenhang bedürfnisbasierter Äußerungen?

Gemäß der Literatur werden Modalverben weder in der "Einwort-Phase" noch in der Übergangsphase der "successive single-word utterances" (Bloom 1973)

---

[1] Ich kann hier weder auf die breite Diskussion um die Einheiten kindlicher Äußerungen aus Wort- oder Satzperspektive eingehen noch auf die Frage nach der Bildung sprachlich-grammatischer Kategorien wie 'Imperativ', 'Interjektion', 'Prä-Wort', 'Wort' etc. (dazu zuletzt Ehlich 1986, Kap. 8).

[2] Untersuchungen zum Erhalt von prosodischen und intonatorischen Ausdrucksmitteln bei Sprachverlust, Aphasie, wie etwa die von Weniger 1978, de Bleser & Poeck 1985, könnten interessante Vergleiche zur Aneignung liefern, sofern sie handlungstheoretisch ausgewertet und auf das Lenkfeld systematisch ausgedehnt würden.

verwendet. Laut Ramge (1975) ist auch die "Zweiwort-Phase" noch nicht explizit modal. Dies dürfte nicht zuletzt der komplexen Bedeutung und der dementsprechenden Syntax von Modalverben geschuldet sein - diese wird nur unzureichend durch die Kategorie 'modales Hilfsverb' charakterisiert[1].
Erste kindliche Verwendungen werden in Arbeiten zum Deutschen[2] im Alter zwischen ca. 1;9 und 2;5 verzeichnet (Ramge 1975; Adamzik 1985 sowie implizit Völzing 1981; Clahsen 1982); einen tabellarischen Überblick bezogen auf verfügbare Korpora hat Ramge in seinem Vortrag (1985) gegeben. Eines der ersten Modalverben, das ein Kind verwendet, ist 'wollen'.

'wollen' dient zur Kommunikation einer Zielorientierung in allgemeiner Form. Bedürfnis und Absicht sind in der dadurch ausgedrückten Modalität nicht differenziert; vielmehr ist ersteres in letzterem aufgehoben; die Vermittlung leistet eine positive Handlungsmöglichkeit (cf. Ehlich & Rehbein 1972, 321).
Ich gehe in 4.2 gesondert auf das Problem ein, ob ein Kind beim Gebrauch von 'wollen' über die Modalität, d.h. die mentale Kategorie des Wollens, bereits in dieser komplexen Form verfügt und wie sich demensprechend Absichts- und Bedürfnisäußerungen differenzieren lassen. Hier ist lediglich relevant, daß ein Kind das explizit modale Ausdrucksmittel für eine allgemeine Zielorientierung zweckmäßig, insofern handlungsadäquat, verwendet.

Nahezu unmittelbar nach der ersten Äußerung von 'wollen', z.T. gleichzeitig, erfolgt der erste Gebrauch von 'können'.[3] In vergleichbar allgemeiner Form dient dieser Ausdruck der Kommunikation einer Handlungsraum-Einschätzung. Ramge (1975, 55 und 1985) argumentiert, daß beide Modalverben, 'wollen' und 'können', in ihrer Verwendung daran gebunden sind, daß das Kind über die Sprecherdeixis 'ich' verfügt. Seine angeführten Beispiele wie auch die von Adamzik[4] und Clahsen legen allerdings die Vermutung nahe, daß für die Äußerungen von 'wollen' eine andere Handlungsdimension möglicherweise mindestens ebenso relevant ist, nämlich die der (expliziten) Negation. Die kommunikative

---

[1] cf. Reinwein 1977; Redder 1984, §9, Öhlschläger 1986. Dieser Aspekt dominiert in Untersuchungen zum Syntax-Erwerb, vor allem im angelsächsischen Raum.

[2] zum Englischen cf. Major 1974; zum Griechischen cf. Stephany 1985.

[3] Analoges wird für das Englische und Griechische berichtet.

[4] Ich möchte hier nicht auf die methodische Problematik des verwendeten Münsteraner Korpus eingehen, welches isolierte, von den Eltern protokollierte Daten beinhaltet.

Notwendigkeit, eigene Bedürfnisse explizit zu machen, entsteht, so ließe sich argumentieren, in Auseinandersetzung mit den Bedürfnissen und Absichten der Erwachsenen. Von einem bestimmten, nach den handlungspraktischen Fähigkeiten des Kindes mehr oder minder bewußt eingeschätzten Zeitpunkt an "lesen" die Erwachsenen dem Kind nicht mehr "alle Wünsche von den Lippen ab" (vgl. Griffiths 1979). Seine Handlungspraxis ändert und differenziert sich dadurch (s. u. 4.2 und 4.4)[1].

Nach den obigen Überlegungen bedeutet die Verwendung des Ausdrucks 'ich' noch nicht notwendig die Aneignung der entsprechenden Bewußtseinsform in ihrer Komplexität. Die Trennung der Handlungsräume steht dabei erst an ihrem Beginn, Handlungsraumüberlagerungen sind noch nicht in ihrer Konsequenz erkannt - dies macht nicht zuletzt die vergleichsweise späte Verwendung von 'dürfen' und 'sollen' deutlich. Auch verbal scheint noch keine durchgehende Sicherheit über die Funktionalität von 'ich' zu bestehen, wird doch der Perspektivenwechsel nach der ersten Verwendung nicht immer konsequent durchgeführt. So finden sich Belege, in denen ein Kind noch später 'wollen' nicht mit der Sprecherdeixis, sondern mit namentlichem oder phorischem[2] Verweis verknüpft. Zwei Beispiele:

(B1) "dodi will ein bombom. beide kindern will ein bombom"
   (Adamzik 1985, 22)
(B2) "kann Julia auch mal sehen? (M. soll J. durch die Kamera sehen lassen.)"
   (Clahsen 1982, 57)

Ein solcher Wechsel der sprachlichen Mittel kann auch innerhalb eines einzigen, komplexen Handlungsmusters auftreten, wie ein Diskursausschnitt bei Völzing (1981, 160) zeigt: (J=Julia (2;11), 'bubu'=Puppenwagen, 'anna'=Name der Puppe)

(B3) M und J wollen einkaufen gehen. J will Anna mitnehmen. Es regnet.
   J: anna will mit einkaufen
   ......
   M: da wird doch der bubu und anna naß
   J: ich lauf ganz schnell
   M: es regnet doch ganz viel
   J: julia muß gucken wies hegnet
   Geht die Treppe hinunter vor die Tür und kommt wieder hoch.
   J: hegnet. aber hört bald wieder auf. kann julia anna schön mitnehmen"

---

[1] Ramge führt ähnliche Überlegungen an, jedoch als altersabhängige Konstanten und rollentheoretische Größen (1975,56). Individuelle Aneignung im sozialen Handeln bleibt einer solchermaßen beanspruchten individualisierenden Sozialtheorie fremd.

[2] Die systematische Scheidung von deiktischen und phorischen Ausdrücken ist in Ehlich (1979) entwickelt.

Offensichtlich stehen in diesem Ausschnitt "mütterliche und kindliche Absichten" gegeneinander (cf. bei einem älteren Kind: Redder & Martens 1983, 1. Szene). Julia setzt ihre Vorstellungen in unterschiedlicher Weise sprachlich um. Zunächst bringt sie ihre Bedürfnisse vermittelt zur Geltung: Sie projiziert sie auf Absichten der Puppe ("anna will"). Dann, nachdem sie auf Widerstand bei der Mutter stößt, redet sie von eigenem Handeln, um den Ausführungsmodus zu klären, und verwendet dazu die Sprecherdeixis 'ich' ("ich lauf ganz schnell"). Erneutem Widerstand begegnet sie mit einer komplexen Äußerung, in der sie sich selbst beim Namen nennt und von Handlungsnotwendigkeiten redet, indem sie das Modalverb 'müssen' benutzt ("julia muß gucken"). Das Ergebnis des genannten Handelns verbalisiert sie wiederum mithilfe namentlicher Referenz und als Handlungsmöglichkeit mittels 'können' ("kann julia anna schön mitnehmen"). Obwohl das Kind offensichtlich über das sprachliche Mittel der Sprecherdeixis verfügt und allein in diesem Ausschnitt bereits von drei verschiedenen Modalverben Gebrauch macht, nennt sie sich doch auch noch zweimal beim Namen. (In jüngerem Alter hat sie, wie das Material erkennen läßt, häufig 'wollen' in Verbindung mit ihrem Namen gebraucht: "julia will" mit 2;3 und "juja will nicht" mit 2;6 (ebd. 157).) Eine detaillierte Diskursanalyse ist erforderlich, um dieses – scheinbare – Zurückfallen hinter den eigenen 'Wortschatz' zu erklären. Ich will dies nicht hier, sondern an anderer Stelle tun.

4.2 Konzeptuelle Interrelationen

Für die Aneignung von Sprache ist wesentlich, daß es Phasen des "Ausprobierens" gibt (cf. Redder & Martens 1983). Dies sind Phasen, in denen die innere Struktur der Konzepte, die in pragmatisch komplexen Ausdrücken sprachlich gefaßt sind, in ihren Ausformungen, Grenzen und Interrelationen handelnd erfahren wird. Zu solchen Konzepten gehören Modalitäten und aktantenspezifische Handlungsräume, insbesondere das Konzept von Aktanten.

Im vorigen Abschnitt habe ich kurz ein Beispiel, B3, diskutiert, in dem eine solche Phase des Ausprobierens vorliegt. Konkret geht es dort um die Erfahrung, welche Interrelationen zwischen zielbezogenen und handlungsraumbezogenen Modalitäten bestehen und welche dazwischen und der Trennung oder Überlagerung von Handlungsräumen des Sprechers und des Hörers bestehen.

Das Kind erprobt die Interrelationen sehr systematisch und daher adäquat.

Dies erweckt den Eindruck einer "argumentativen" Fähigkeit (cf. Völzing 1981)[1]. Mit Bezug auf das Modalverb 'wollen' ist daran folgendes zu erkennen. Die Differenzierung zwischen Bedürfnissen und Handlungszielen oder Absichten ist an die Fähigkeit zur Einschätzung des Handlungsraums gekoppelt. Die allgemeine Modalität des Könnens muß verfügbar sein. In ihrer inneren Strukturdifferenz wird sie freilich erst im weiteren Aneigungsprozeß erfaßt.

Ein Handlungsraum ist durch subjektive und objektive Dimensionen determiniert (cf. Rehbein 1977). Komplementär zur "Erforschung" der Bedürfnisse des Kindes (s.o. 4.) stellen Erwachsene zunächst rein subjektive Dimensionen, die - elementaren - kindlichen Fähigkeiten, in den Vordergrund der Interaktion. Im Laufe der Ontogenese eignet sich das Kind erste, elementare Handlungen an. Dadurch dehnt es seine Fähigkeiten über den naturwüchsig sich entwickelnden Bereich (Saugen, akustische und visuelle Wahrnehmung, Greifreflexe, Schreien etc.) hinaus aus. Seine Handlungsreichweite vergrößert sich. Im Wechsel dazu entwickeln sich seine Bedürfnisse. Sie richten sich auf Dinge außerhalb seiner selbst, beispielsweise beim Greifen. Eine rudimentäre Zielbildung kann stattfinden, sobald etwa durch Objektangebote von Erwachsenen ein Bedürfnis geweckt, durch deren Entfernen eine Bedürfnisbefriedigung jedoch verhindert wird. Das Kind kann dann seine Fähigkeiten zum entfernteren Greifen oder gezielten Lautausstoßen einsetzen, um die Handlungslücke in der Vereinnahmung des Gegenstandes zu schließen. Diese Phase ist durch die Fähigkeit gekennzeichnet, Bedürfnisse über eine gewisse Zeitspanne hinweg aufrecht zu erhalten, sie insofern zu Zielen hin zu verlängern, und mittels elementarer Handlungen auf ihre Realisierung "hinzuarbeiten". Von wirklicher Absichtsbildung kann freilich erst dann gesprochen werden, wenn - zumindest elementare - Handlungspläne entwickelt und Handlungsalternativen bzw. Handlungsmöglichkeiten gesucht und eingeschätzt werden. Voraussetzung dafür ist, daß sich die alles vereinnahmende "Kinderwelt", um den phänomenologisch inspirierten Begriff Streecks (1983) zu benutzen, strukturiert. Dazu wird die Erfahrung der Eigenart von Dingen sowie der elterlichen Ge- und Verbote bestimmter Handlungen eine wichtige Rolle spielen. Ferner muß ein gewisses Handlungsrepertoire sicher und zweckmäßig verfügbar sein. Vorphasen dazu finden sich in den oft "endlosen" Wiederholungen (Repetitionen) einfacher Handlungsausführungen mit allmählicher Modifikation. Ein Erfordernis für gemeinsames Handeln, für Interaktion, ist schließlich die

---

[1] Wagner (1978) würde von der Realisierung einer 'Umwegstrategie' sprechen.

Einsicht in die prinzipielle Trennung von Handlungsräumen einzelner Aktanten, welche sich konkret freilich in Überlagerungen und Überbrückungen ausprägen können. Das Konzept des Aktanten muß angeeignet werden.

Für die sprachliche Interaktion besteht es in der Scheidung von Sprecher und Hörer, von 'ich' und 'du' auf der Ausdrucksebene. Daran gekoppelt ist die Erfahrung von eigenen und fremden Absichten und deren Auswirkung auf die Reichweite des eigenen Handlungsraums. Das Konzept der handlungspraktisch zugänglichen Welt, des Handlungsraums, differenziert sich immer mehr. Dies geschieht im Wechsel mit den Modalitäten und den Aktantenkonzepten und nicht zuletzt mit den angeeigneten Handlungen.

Diese Handlungen sind im Wissen in ihrer inneren Struktur und Zweckmäßigkeit, als "Handlungsmuster" (Ehlich & Rehbein 1977) verankert. Es handelt sich um ein Musterwissen. Ein anderer Typus von Wissen ist demgegenüber das Handlungswissen, das Wissen also, was eine Handlung ist. Es beinhaltet die komplexe Interrelation von Bedürfnis- und Absichts-Modalität, Handlungsraum, Aktantenkonzept und Wirklichkeitsstruktur unter der Perspektive handelnden Eingreifens. Dies Wissen dürfte erst in einer späteren Phase, auf der Basis reicherer Handlungspraxis und entsprechenden Musterwissens ausgebildet werden.[1] Über diesen Wissenstyp und insbesondere seine Verschränkung mit den Modalitäten ist noch sehr wenig bekannt.

Ebenso, wie sich Bedürfnis, Zielbildung und Handlungsabsicht - die allgemeine Modalität des Wollens - erst in komplexen Aneignungsprozessen differenzieren, strukturiert sich auch die 'Fähigkeit' als Vor-Konzept des Handlungsraums langsam zu den verschiedenen Dimensionen des Handlungsraums und damit zur inneren Vielfalt der Modalität des Könnens. Wie 'wollen' der unspezifische sprachliche Ausdruck für ersteres ist, so bildet 'können' denjenigen für letzteres. Nur im Verhältnis zu den differenzierteren Ausdrücken wie 'möchten' (für Bedürfnisse) und 'sollen' (bei Wollens-Transfer) sowie 'müssen' (bei Reduktion auf eine einzige Alternative) und 'dürfen' (bei Könnens-Transfer) spiegeln sich sprachlich die Interrelationen wider.

Auf diesem Hintergrund ist die Argumentation von Ramge (1975, 56) anders zu führen. Das Kind vollzieht keine "Erweiterung" des "Bedeutungsumfangs"

---

[1] Einen Konflikt, bei dem dies Handlungswissen im Verhältnis zu sprachlichen Äußerungsformen, die die Modalitäts-Interrelationen ausschöpfen, eine Rolle spielt, behandeln Redder & Martens (1983) in der ersten Szene.

von 'können' (in der morphologischen Form /kann/) von der Fähigkeit zum Erlaubnis-einschließenden Können, um anschließend mit dem Erwerb von 'dürfen' den "Bedeutungsumfang wieder auf das ursprüngliche Maß" einzuengen. Vielmehr geht mit der Differenzierung der Modalität und der Erweiterung des Ausdrucksrepertoires eine Fähigkeit zur Ausschöpfung der Interrelationen beim sprachlichen Handeln einher.[1] Ramge (1985) begreift den Vorgang als einen Beleg für die "relativ diffuse Pragmatik der Modalverben". Eine derartige Charakterisierung geht jedoch an den systematischen, komplexen Interrelationen des Modalverb-Apparates vorbei. Sie dokumentiert vielmehr, daß Ramge nicht, wie er behauptet, handlungsorientiert vorgeht, sondern zeichenzentriert. Damit fällt er schließlich wieder auf das distributiv-thesaurierende Analyseverfahren zurück. Dies gilt auch für seine verdienstvolle Übersicht über die Kombinationen der Modalverben mit den verschiedenen Personenkennzeichen und Satzmodi, die sich in den zugänglichen Korpora kindlichen Sprachgebrauchs finden (Ramge 1985). Eine solche Zusammenstellung kann stets nur einen ersten, an der sprachlichen Oberfläche festgemachten Analyseschritt darstellen (diesen Stellenwert hat das entsprechende Verfahren auch bei Brünner & Redder 1983 und Redder 1984). Eine differenzierte Diskurs- und Handlungsanalyse muß dem folgen, und zwar eine Handlungsanalyse, die auch mentale Prozesse systematisch in die Rekonstruktion des komplexen interaktiven Handlungszusammenhangs einbezieht. Dabei ist, im Sinne einer hermeneutischen Spirale, selbstverständlich theoretisches Wissen über psychische und Handlungs-Strukturen sowie konkrete Handlungsbedingungen einzubringen.

Spätestens seit Austin (1956/7) hat es sich forschungspraktisch bewährt, Situationen zu betrachten, in denen irgendetwas "schiefgeht", in denen Probleme handlungspraktisch und interaktiv verarbeitet werden. Das Beispiel B3 in 4.4 ist ein solcher Beleg, da Handlungsabsichten aufeinanderstoßen und das Kind auf objektive Bedingungen im Handlungsraum rekurriert, um seine Absicht durchzusetzen.

Ich will im folgenden Abschnitt ein Beispiel von Ramge diskutieren, um exemplarisch die analytische Rekonstruktion des Aneignungsprozesses im Zusammenhang des sprachlichen Handelns darzulegen. Ausgangspunkt ist die Differenzierung zwischen "produktiver" und "imitativer" oder "konditionierter" Verwen-

---

[1] Ähnlich argumentiert Adamzik (1985, 26f) unter Hinweis auf den Sprachgebrauch Erwachsener; allerdings bleibt auch sie einer zeichenzentrierten Betrachtung verhaftet.

dung sprachlicher Ausdrücke, die sich bei ihm und allgemein in der wort- und satzzentrierten Kindersprachforschung findet.

4.3 Realisierungsformen von Sprechhandlungen

Peter Ramge macht im Alter von 25 Monaten zum ersten Mal von einem Modalverb Gebrauch:
"Als Imitation der regelmäßigen mütterlichen Frage /mußt du ein pipi/ entstand: /n pipi mußtu!/ 'Ich muß ein Pipi (machen)!'. "(Ramge 1975, 55) Demgegenüber seien "/kann/" und "/will/" rasch "nicht auf ein Syntagma oder wenige beschränkt, sondern frei einsetzbar", mithin "produktiv" (ebd.).
 Die Klassifikation erfolgt ersichtlich nach distributionalistischen Kriterien. Funktional läßt sich folgendes sagen. In der Äußerung 'n pipi mußtu!' imitiert das Kind, Peter, im engeren Sinn nur das Modalverb und seine morphologische Form. Dabei kontaminiert er, wie es für gesprochene Sprache durchaus normal ist, die finite Verbform mit der Hörerdeixis, die er so ebenfalls übernimmt, unter Beibehaltung auch der syntaktischen Frageform (Inversion). Demgegenüber adaptiert Peter die übrige Äußerungsform an die sequentielle Position und illokutive Kraft seiner Äußerung im Verhältnis zur mütterlichen. Dazu stellt er das Objekt - nicht, wie Ramge sagt, das Pronomen - um und verändert den Intonationsverlauf. Modalverb und Hörerdeixis bleiben als Einheit 'mußtu' funktional ungeschieden, so daß sie nicht jeweils "erworben" werden, wie Ramge meint. Angeeignet werden vielmehr Objektumstellung (im Sinne einer Topikalisierung) und Intonation im Zusammenhang mit dieser Ausdruckseinheit 'mußtu', also grammatische Formen zur Transposition einer Frage in eine Assertion über Erfordernisse. Sofern diese Mittel bereits in anderen Handlungszusammenhängen zweckmäßig verwendet werden, vollzieht sich hier eine Erweiterung ihres Anwendungsbereiches; umgekehrt betrachtet könnte 'mußtu' als Angelpunkt oder 'pivot' im funktionalen Sinne gelten (cf. Bruner, Goodnow, Austin zu 'concept attainment' und 'concept formation' 1956), an dem andere Sprachmittel in ihrer Zweckmäßigkeit erprobt werden. Peter übernimmt aus der Sprache der Mutter ein Versatzstück in sein eigenes Handlungsrepertoire. Linguistisch ist diese standardmäßig wiederholte Realisierungsform mütterlicher Erkundigungen als "Routineformel" (Coulmas 1981), "gambit" (Kasper 1981), "Phraseologis-

mus" (Pilz 1981) oder "feste Wendung" (Redder 1984) zu charakterisieren. In anderen Zusammenhängen hat sich erwiesen, daß Modalverben häufig an solchen "prefabricated patterns" (Hakuta 1974) beteiligt sind und ideale Äußerungsträger für konkrete Varianten repetitiver Äußerungsanforderungen bilden. Die an 'mußtu' festgemachte und sequentiell adaptierte Äußerungsform ermöglicht es Peter, einen qualitativen Fortschritt im illokutiven Bereich zu machen: Er realisiert ein anderes Handlungsmuster, das die alte Erkundigungs-Auskunfts-Sequenz ablöst, überflüssig macht. Seine Äußerung hat die Qualität einer Anzeige.

Mithin bahnt sich eine Erweiterung seines Musterwissens an. Zunächst bleibt die illokutive Fähigkeit jedoch auf einen spezifischen, eng begrenzten Praxisbereich eingeschränkt. Dies schlägt sich in der Konstanz des Objekts, 'n pipi', auch sprachlich nieder. Für diese Praxis ist darüber hinaus eine differenzierte Bewältigung zu erwarten. In der weiteren Entwicklung wird sich das wahrgenommene Bedürfnis in eine Handlungsabsicht umsetzen und die Äußerung sich illokutiv zu einer Bitte um Hilfe wandeln.[1] Lange verbleibt jedes handlungsmäßige Eingreifen beim Erwachsenen. Damit ist auch die ständige Kennzeichnung des angemessenen Zeitpunkts für solche Äußerungen des Kindes verknüpft.

Leider notiert Ramge - trotz seiner korpusbasierten Arbeit - die sequentielle Einbettung der kindlichen Äußerung nicht. Der Rezipient ist daher, analog zu klassischen Protokollen, auf eine Rekonstruktion aus der angeführten Paraphrase (und auf sein eigenes Erfahrungswissen) angewiesen.

Die exemplarische Diskussion von Ramges Beobachtung und Beschreibung und deren diskursanalytischer Behandlung erweist, daß "imitativer" und "produktiver" Erwerb Kategorien sind, die lediglich am sprachlichen Ausdrucksmaterial, an der Realisierungsform von Sprechhandlungen festgemacht sind. Für die Bestimmung des Aneignungstyps auch von Einzelausdrücken sind sie differenzierter zu verwenden. Imitative Aufnahme ins Handlungsrepertoire kann zugleich - über dessen Ausdehnung hinaus - produktive (qualitative) Erweiterung des Handlungsspielraums, der Fähigkeit zur Ausführung alternativer Handlungs-

---

[1] Es ist ein interessantes Phänomen der Ausdrucksebene im Deutschen, daß die ontogenetisch recht späte Kontrolle des Menschen über dies elementare, "natürliche" Bedürfnis in einer sprachlichen Form dauerhaft als ein unbedingtes Erfordernis, als ein Müssen par excellence ('müssen' ohne Infinitiv!) gekennzeichnet wird, dem man dann und wann ('mal') ausgesetzt ist. Gesellschaftliche Praktiken und Wertungen dürften sich darin niederschlagen.

muster, bedeuten. Damit soll keineswegs in Abrede gestellt werden, daß sich die ontogenetische Reproduktion der Handlungspraxis in weiten Bereichen vermittels Imitation und Erprobung vollzieht. Dies läßt sich gerade auch an frühen Nachahmungen modaler Realisierungformen von Sprachhandlungen beobachten.

(B4) "du solls das nuckeltuch holen." (Adamzik 1985, 19; Florian im Alter 2;5)[1]

B4 ist sicherlich ein Beispiel dafür. Aus der Verwendung von 'sollen' kann keineswegs umstandslos geschlossen werden, daß das Kind über die entsprechende Interrelation mit 'wollen' verfügt, also die Absichtstransposition konzeptualisiert hat. Es ist vielmehr anzunehmen, daß dieser Gebrauch über die Aneignung des illokutiven Potentials solcher Äußerungen, nämlich Anweisungen, geschieht, zu denen sich gewöhnlich das Kind handelnd verhalten muß. Ebensowenig ist davon auszugehen, daß das Kind bereits komplexe Verpflichtungshierarchien internalisiert hat, wie sie Erwachsene häufig als Präsuppositionsbestand von Handlungserläuterungen beanspruchen, etwa in:

(B5) "Ich muß noch das Buch besorgen", - wenn faktisch ein Sollen vorliegt. (Diese sprachliche Form mag auch als Abwehr gegen kindliche Ansprüche dienen.) So erklärt sich wohl auch eine Beobachtung von Adamzik, nach der ein Kind Fragen nach den Tätigkeiten der Eltern sehr oft modal, insbesondere mit 'müssen', stellt,[2] die Eltern jedoch nicht-modal antworten.

(B6) "Florian: was muß mami machen?
   Mutter: mami schreibt." (ebd., 20; Florian 2;2)

Konfrontiert mit der modalen Frage ordnen die Eltern ihr Handeln offenbar anders in den Handlungszusammenhang ein, als sie dies bei der Abgrenzung von Handlungsspielräumen für sich und für andere tun. Insofern vermögen individuelle Unterschiede im kindlichen Modalverbgebrauch auch einigen Aufschluß über die modale Strukturierung elterlicher Bedürfnissysteme und Handlungsräume und damit über deren Handlungspraxis zu liefern.

---

[1] Leider schlüsselt Adamzik die Angaben hinter den Daten nicht auf; ich vermute, daß die beiden ersten Zahlen jeweils das Alter angeben, die dritte die Äußerungsnummer.

[2] Das Kind scheint tendenziell einen Begriff von Handlung als stets notwendiger zu konzeptualisieren.

5. Absicht oder Bedürfnis - illokutive Erwartungen an ein Kind

Ich will nun anhand der ausdrücklichen Differenzierung zwischen Bedürfnis und Handlungsabsicht die entwickeltere Handlungspraxis des Kindes im Lichte der an es herangetragenen Erwartungsstruktur diskutieren.
Ein Beispiel, das Adamzik zum Zweck morphologischer Betrachtungen anführt, illustriert die Veränderung in der Aneignung sehr eindrucksvoll.

(B7) "Florian: willste milch haben
  Mutter: wie heißt das?
  Florian: ich will die milch haben
  Mutter: ich möchte milch haben
  Florian: ich möchte willste milch haben"   (ebd., 23; Florian 2;2)

Es handelt sich um einen (familiären) Lehr-Lern-Diskurs. Gegenstand ist Sprache. In der ersten Sequenz repariert[1] Florian, das Kind, die morphologische Form des Modalverbs 'wollen' in Anpassung an die illokutive Qualität seiner Handlung. Verbunden damit ändert er auch den deiktischen Ausdruck. Ein neuer "Fehler" entsteht durch die Verwendung des bestimmten Artikels. Die Mutter korrigiert in einer zweiten Reparatur-Sequenz nicht nur dies. Vielmehr ändert sie auch den modalen Ausdruck: Statt von 'wollen' macht sie vom spezifischeren Modalverb 'möchten' Gebrauch. Entsprechend der Interrelation der Modalitäten stuft sie dadurch die Zielorientierung des Kindes zurück auf die Phase der Bedürfnisausbildung, d.h. in die Phase vor einer positiven Einschätzung des Handlungsraums.

Eine derartige Zurücknahme der Ziele eines Aktanten entspricht der expliziten Rücksichtnahme auf die Überlagerung seines Handlungsraums mit dem anderer Interaktanten, insbesondere derer, auf deren Hilfe er angewiesen ist. Die Bestimmung seines Handlungsraums wird ihnen zur Einschätzung anheim gestellt. Durch eine solche sprachliche Realisierungsform ändert sich die illokutive Qualität der Sprechhandlung von einer <u>Aufforderung</u> zur <u>Bitte</u>.

Die Mutter korrigiert mithin nicht die Ausdruckswahl von Florian, sondern die illokutive Kraft. Diese Ebene der Korrektur versteht Florian offenkundig nicht. Er behält zusätzlich zur übernommenen Reparatur des Modalverbs die ursprüngliche Form seiner modalen Formulierung bei: Er äußert 'ich möchte' und außerdem 'willste'. Dieser Ausdruck scheint für ihn gleichsam der Garant

---

[1] Ich beziehe mich auf den Terminus 'repair' der conversational analysis (cf. Schegloff, Jefferson, Sacks 1977). Eine handlungstheoretische Differenzierung im Rahmen fremdsprachlichen Lernens unternimmt Rehbein (1984).

für das Gelingen seiner Absicht zu sein, wirklich Milch zu bekommen - so, wie dies früher auf derartige Äußerungen hin wohl oft genug geschehen ist. Sein Anliegen erhält Nachdruck, Nachdruck auf dem Hintergrund handlungspraktisch erfahrener Selbstverständlichkeiten, also Handlungspräsuppositonen. (Gemessen an der morphologischen Form reichen sie auf mütterlich initiierte Handlungsmuster zurück (vgl. 4.3).)

Andererseits zeigt sich an seiner Reaktion, daß er 'möchten' und 'wollen' nicht umstandslos identifiziert. Eine gewisse Differenzierung der Modalität des Wollens in Absicht und Bedürfnis scheint zugrunde zu liegen. Man könnte argumentieren, daß Florian 'willste' als illokutiven Indikator für eine Frage nach seinen Wünschen resp. ein Geltendmachen seiner Wünsche behandelt. Dabei ist er auf eine Korrektur hin allenfalls "bereit", den Perspektivenwechsel mitzumachen. Das Zweck-Mittel-Verhältnis von Aufforderung und Bitte ist noch nicht in seinem Musterwissen verankert.

Gerade der Unterschied zwischen 'ich will' und 'ich möchte' dürfte von einem bestimmten Alter an durch differenzierte Sprechhandlungsforderungen der Eltern diskursiv hervorgehoben werden. Er wird handlungspraktisch gelehrt. Dieser Zusammenhang führt auf einen weiteren Punkt zur Aneignung der Modalitäten und Modalverben.

6. Propositionale und illokutive Qualifikation durch Modalverben

Modalverben betreffen nicht nur die mentale Vorgeschichte derjenigen Handlungen, die auf der Ausdrucksebene als morphologischer Infinitiv in ihrem Skopus stehen. Vielmehr können sie sich auch auf die Entscheidungsknoten desjenigen Handlungsmusters beziehen, in dem die Modalverbäußerung sequentiell lokalisiert ist. Dies gilt jedenfalls bei "diskursiver Verwendung", d.h. bei einem Bezug auf Handlungen der Diskursteilnehmer (für die Diskursart Unterricht insgesamt: Redder 1984). Diskursanalysen haben gezeigt, daß auf dieser Basis die sogenannte "Indikatorfunktion" von Modalverben (cf. Vater 1980; Wunderlich 1983) in einer graduellen Form dargestellt und der Mechanismus von "Indirektheit" illokutiver Akte wie etwa von Bitten mittels 'kannst du (mal)?' systematisch geklärt werden kann (cf. Redder 1984, 69 - 74). Modalverben entfalten ihre Funktion in der propositionalen und in der illokutiven Dimension einer Sprechhandlung. Ich spreche von "propositionaler" und "illokutiver Qualifikation".

In Abschnitt 5 habe ich eine Reparatur diskutiert, die die illokutive Qualifizierung betrifft. Sie klärt sich über den spezifischen Modalitätsbezug auf den Handlungsraum des Interaktanten. Gleiches gilt für <u>Bitten</u> mit 'können' in Frageform. Die Entscheidung des anderen wird explizit in die Äußerung hineingenommen und der Interaktant daher an einer systematisch früheren Ablaufposition in das Handlungsmuster integriert.

In der Literatur zur Kindersprache ist vor allem diese, in festen Realisierungsformen bestimmter Illokutionen abgebundene Funktionsweise von Modalverben ins Auge gefaßt, wenn nicht rein wortsemantisch vorgegangen wird.

So gibt es eine Reihe von experimentellen und quasiexperimentellen Untersuchungen zum Verständnis indirekter Fragen oder Aufforderungen durch Kinder (z. B. Carrell 1981; Gravey 1975). Leider verhindern die Forschungssettings eine Beobachtung der handlungspraktischen Bearbeitung und Aneignung solcher Äußerungsformen. Teilweise dürfte sie über Imitation der Realisierungsform laufen – möglicherweise mit brüchigen Zwischenstufen, wie B7 zeigt –, teilweise über eine Differenzierung des Handlungskonzepts und durch extensives Ausprobieren der Reichweite modaler Formulierungen.

Unter diesem Aspekt hat sich in Redder & Martens (1983) etwa gezeigt, wie noch ein 4 1/2-jähriges Mädchen eine indirekte Aufforderung der Mutter mittels 'willst du (mal)?' konterkariert – ob nun absichtlich oder nicht: Es äußert schlicht 'möchte nicht'. Propositionale und illokutive Qualifizierung der Äußerungen durch das jeweilige Modalverb laufen auseinander, ja gegeneinander. Es sind auch für diesen späteren Aneignungsprozeß der komplexen Funktionsweise des Modalverb-Apparats in den verschiedenen Äußerungsdimensionen noch dringend ausführliche Diskursanalysen erforderlich. Damit dürfte auch eine Einsicht in den Wechselprozeß mit der Ausbildung des Musterwissens einhergehen.

7. Modalverben im Vorstellungs- und im Planungsraum

Ich komme zu einer weiterführenden Überlegung. Sie betrifft die Aneignung praktischer Handlungen und der ihnen inhärenten Modalitäten. Welche Handlung wofür zweckmäßig ist, unter welcher Voraussetzung dieser oder jener Teilschritt erforderlich oder allererst möglich ist und so weiter sind Dimensionen, die dabei eine Rolle spielen.[1] Ein Kind muß diese Verhältnisse kennen, um komplexere Handlungspläne entwerfen und also praktisch mit größerer Reichweite handeln zu können. Betrachtet man die Sprachentwicklung darauf hin, so zeichnet sich ein Handlungs- und Diskurszusammenhang dafür besonders aus: das Spiel. Leontjew (1973) liefert einige wichtige sprachpsychologische Beiträge unter dem Aspekt der Erprobung von Handlungsfähigkeiten und -reichweiten. Charakteristisch für das Spiel ist ein Agieren im Vorstellungsraum - Auwärter & Kirsch (1982) sprechen von der "Generierung fiktionaler Realität" - oder im Planungsraum (so möchte ich vorläufig eine Spezifikation des "Vorstellungsraums" im Sinne von Ehlich 1979 nennen). Handeln im Vorstellungsraum hat gemäß Leontjew "keine phantastischen Elemente", sondern beruht auf einer "eingebildeten Situation" (1973, 384). Wie der deiktische Verweis darin seine Objekte haben kann, so sind auch die Modalitäten darin entfaltbar. Bei einem einfachen Beispiel im Material von Auwärter & Kirsch (1982, 95f) spielen zwei Kinder 'Vater' und 'Mutter' (Li: 5;9, Na: 4;3 Jahre alt):

(B8) Li: Hallo! Ich mach auch heut' schon den Kaffee. Vater, du=

Na: Kann- (leise, hohe Stimmlage)

Li: =bleibst noch'n bißchen liegen   (geschäftigter Tonfall)

Na: Ich will kein' Kaffee, Tee mag ich!   (mit verstellter Stimme)

Die Modalverben 'wollen' und 'mögen', das hier die bairische Form für 'möchten' ist (gleiches findet sich im Material von Lindner zahlreich), beziehen sich auf Modalitäten des vorgestellten Aktanten, des 'Vaters'. Der Inhalt ist ein recht alltäglicher, auch für ein Kind. In komplexeren Beispielen finden sich spielerische Überschreitungen des konkreten kindlichen Handlungsraums, etwa in Raumfahrer-Spielen. In der Literatur wird meist in rollentheoretischen Termini darauf Bezug genommen, so auch bei Auwärter & Kirsch. Sie berücksichtigen ferner den "Übergang von Wirklichkeit zur Fiktion" als einen "Geltungsbereich von Äußerungen" (ebd. 99). Ich meine, daß es sich um Vermittlungen im begrifflichen Sinne handelt. In solchen Vermittlungen sind Modalverben, teilweise durch Formen des Konjunktivs überlagert, äußerst funktional. Orientierungspunkte und Entscheidungsmöglichkeiten im Vorstellungsraum werden dadurch beispielsweise verbindlich gemacht. Ein Beispiel:

---

[1] Einige konkrete Untersuchungen dazu bieten Redder & Brünner 1979^2 und Brünner 1983 bezogen auf erwachsene Sprecher.

(B 9) Na: Du, wenn man schwimmen will, dann ist des das Schwimmbad, und wenn man- u- und und wenn ich wohnen will, dann ist hier das Haus eben.

(Auwärter & Kirsch 1982, 96)

Der Vorstellungsraum wird absichtlich vorstrukturiert. In ihm bietet sich nicht nur die Möglichkeit, den eigenen Handlungsspielraum zu überschreiten, sondern auch die Bedingungen für eine Handlung "nach gusto" zu modifizieren. Ein hübsches Beispiel findet sich zwischen einem 5-jährigen Mädchen (Sigle 5) und einem gleichaltrigen Jungen (Sigle 2) in den Kindergarten-Aufnahmen von Hoffmann (1978):

(B 10) 5/1 (hängt sich ein Tuch um)
2/4 Nicole, du hast'n Hochzeitskleid.
5/2 Du! Ich hochzeite!
2/5 Du kannst noch nich' heiraten. xx
5/3 Doch! Ich kann! Ich hab' ja schon das Hochzeitskleid.

(ebd. 330)

Das Mädchen wahrt die Modalität des Könnens - ausgedrückt in syntaktischer Form eines 'Vollverbs' - mit spielerischer Überzeugung.

Modalverben mit Bezug auf den Planungsraum finden sich vor allem im gemeinsamen, gegenständlichen Spiel. Ich will nur ein Spezifikum hervorheben, das in den Korpora auffällt. Die Modalitäten werden häufig aus der Perspektive der Spielgegenstände und -figuren zur Geltung gebracht. Insbesondere projizieren Kinder das Wollen in die Sachen hinein. Oben (Abschn. 4.1) habe ich bereits ein Beispiel im außerspielerischen Zusammenhang illustriert (B3, erste Äußerung). Der diskursive Zweck solcher Verfahren besteht darin, als entscheidende, planende Instanz hinter scheinbar objektive Gegebenheiten zurückzutreten. Dies ist beim Spiel möglich und nötig, um eigene Planungen für den Mitspieler verbindlich zu machen. Ich greife einen der Belege aus dem Material von Lindner (1983) heraus:

(B 11) Christiane (4;1 Jahre)
mein Auto mag hochfahren ....((etwas später))
....und jetz mag s wieder runterfahren

(ebd. 280f)

Christiane verwendet das Modalverb in der Variante 'mögen', die dem verselbständigten neuhochdeutschen 'möchten' entspricht. Auf der Ausdrucksebene ist dem "Auto" das Bedürfnis eigen. Die Äußerung wird von praktischen Tätigkeiten begleitet nämlich der Auf- bzw. Abbewegung des Parkhausliftes und dem Einfahren des Autos in den Lift. Demnach ist die sprachliche Handlung eine Kommentierung des Tuns. Christiane erreicht beide Male, daß Anke, die Mitspielerin (3;9), sich ihr zuwendet und für ein Problem beim "Runterfahren" einen Alternativvorschlag macht, also mitspielt (A: "kann ja auch runterhüpfen"). Lindner diskutiert die Verwendung von Modalverben relativ knapp im Zusammenhang mit Ankündigungen von Spielhandlungen; sie werden ebenso mit 'müssen' gebildet, so daß ihnen mehr "Nachdruck" eignet als bei persönlicher Formulierung mit 'wollen' (ebd. 242). Diskursiv funktional sind diese Äußerungen gemäß Lindner besonders bei Koordinationsproblemen im Spiel. Es handelt sich also deutlich um die Kommunikation - im Sinne des Gemein-Machens - von Handlungsplänen der Spieler.

Reichere, systematische Diskursanalysen sind erforderlich, um mehr über den Zusammenhang von verbaler Suspendierung konkreter, aktantengebundener Modalitäten und Musterwissen zu erfahren. Möglicherweise handelt es sich neben der Entwicklung von Planungs- und Koordinationsfähigkeiten um eine Vorphase der bewußten Verwendung von Modalverben zur illokutiven Qualifikation von Sprechhandlungen. Die spielerisch nach außen gesetzten Verhältnisse erwiesen sich dann als Vorformen, die später im Sinne von Wygotski (1964) und Galperin (1972[3]) interiorisiert und in Verbalisierungspläne integriert werden.

8. Diskursarten-Differenzierung

Die Behandlung des Spielzusammenhangs hat bereits dazu geführt, das Wechselverhältnis von Diskursart und Modalverbverwendung stärker in den Blick treten zu lassen. Ich will noch einige Überlegungen und Beobachtungen dazu anführen. Mit der Verfügung über die Modalverben im eng begrenzten Praxisraum der Familie hat sich ein Kind noch keineswegs die vollständige Pragmatik der Modalverben angeeignet. Die reichere Praxis außerhalb, die spätestens mit dem Kindergartenbesuch zugänglich wird, konfrontiert das Kind mit anderen Diskursarten. Nicht selten sind ihnen spezifische Modalverbverwendungen eigen. Eine recht einfache Expansion von sprachlicher Handlungserfahrung stellt die Ein- und Ausschließung von Interaktanten, von Mit-Spielern, für Kinder mit Geschwistern dar. Die Verfahren nehmen sich zuweilen recht brüsk aus, so etwa in Beispiel 12 (aus einem Kindergarten).

(B 12) 2/7 (geht an den Tisch) Ich will hier mitspielen! (stößt Gerold zur
　　　　　Seite)
　　　　1/1 Nein! Du darfst nich'!
　　　　　　　　　　　　　　　　　　　　　　　　　　(Hoffmann 1978, 330)
(B 13) 10/1 (kommt) Darf ich mitspielen?
　　　　17/13 Nein!
　　　　8/13
　　　　10/2 Warum nich'?
　　　　8/14 Das muß erst fertig sein!
　　　　　　　　　　　　　　　　　　　　　　　　　　(ebd., 325)

'wollen' und 'dürfen' in B12 sind scharf einander gegenübergesetzt. Mitglieder einer Gruppe (in B13 gar una voce) determinieren den Handlungsraum nach außen hin; umgekehrt finden sich Außenstehende unter deren Kontrolle, sobald sie an den Interaktionsraum herantreten und partizipieren wollen. Die Dimension, die Rehbein (1977) das "Kontrollfeld" genannt hat, wird handlungspraktisch und sprachlich zur Geltung gebracht. Auch dies muß gelernt werden; insbesondere gilt das für Situationen, in denen verschiedene Kontrollfelder sich hierarchisch überlagern (cf. Redder & Martens 1983, 2. Szene).

Andere Diskursarten betreffen zum Beispiel bestimmte Kooperationsformen und Erklärungszusammenhänge. Formen von <u>Aufforderungen</u> beim gemeinsamen "Räubern" eines Lebkuchen-Knusperhauses im Kindergarten diskutiert Reski (1982). Realisierungsformen mit Modalverben oder modale <u>Rechtfertigungen</u>, die sich auf Auffoderungen beziehen, werden, wie das Material erkennen läßt, mehr oder minder geschickt verwendet.

(B 14)

M	gib mir mal 'ne Nadel		Gib mir mal da
M'	lehnt sich über den Tisch - guckt auf die Nadel - Zeigehandlung auf die		
G			
G'		sieht M fragend an	

M	unten die Nadel		daß ich das ausstopfen kann	
M'	Nadel		nimmt die Nadel entgegen steckt sie in die	
G		ach da		aus-
G'		gibt M die Nadel	schaut M zu	

M				
M'	öffnung	zieht die Nadel wieder raus	guckt zu G	
G	stopfen ausstechen?	du das reicht aber nicht		da
G'		guckt M zu		

G	mußt du ganz tief reinstechen //	(Reski 1982, 107f)

Während die Aufforderungen - hier und auch sonst überwiegend - imperativisch realisiert werden, begründet oder rechtfertigt M sie unter Hinweis auf eine daran gekoppelte Handlungsalternative ("daß ich ... kann"). G wiederum gibt einen Rat, als sie ein Problem erkennt, das sich aus sachlichen Notwendigkeiten herleitet.

In der "aufgabenbezogenen Kommunikation bei älteren Vorschulkindern" finden sich erstaunliche Unterschiede hinsichtlich der explizit modalen Handhabung der Diskurse, speziell der Handlungsanleitungen und -anweisungen.

Im Untersuchungsprotokoll von Meng (1979) erklärt die erwachsene Leiterin einem Jungen ein Wettspiel, als erstes in genereller Form ("Bei diesem Spiel setzen sich die Sportler...", 124), dann, bei der konkreten gemeinsamen Durchführung, in imperativischen Anweisungen ("Streife den Ring über beide Fußspitzen", 125; auffallend ist die schriftsprachliche morphologische Form). Demgegenüber gibt ihr Mitspieler dann einem anderen Jungen die Anweisung mithilfe von 'sollen' weiter:

(B 15) Spielführer (6-7 Jahre)

"Du sollst jetzt///die Ringe jetzt an die Fußspitzen machen und beide beidn Füße und sollst du sollst... Wer am längsten die Füße hochgehoben hat." (Meng 1979, 127)

Es ist deutlich, daß die Modalverbverwendung exzellent dem Gesamtdiskurs angemessen ist. Der Junge hat in der quasiexperimentellen Situation im Kindergarten die Aufgabenschachtelung, eine gerade theoretisch und praktisch erfahrene Spielanweisung an ein anderes Kind weiterzugeben und mit ihm um die Wette auszuführen, in ihrer Modalität begriffen. Der Wollens-Transfer findet in der sprachlichen Formulierung seinen Niederschlag. 'du sollst' ist eine Anweisung, die sich als Weiterleitung eines bestehenden Sollens, z.B. einer Aufforderung (oder Aufgabe) Dritter, zu erkennen gibt.[1] Die Modalität des Sollens wird nicht vom ersten dem zweiten Jungen gegenüber etabliert, sondern sie wird nur weiter vermittelt.

Anders äußern sich Kinder in einem vergleichbaren setting bei Kraft (1979). Diesmal geht es um die Weitergabe einer Bauanleitung. Die Anweisungen sind also nicht personen-, sondern gegenstandsbezogen. Die erste Anleitung durch die Erwachsene vollzieht sich wieder in Formen des Imperativs. Der Junge

---

[1] Zu dieser Differenz zwischen Etablierung und Inanspruchnahme eines bereits bekannten, bestehenden Sollens mittels 'du sollst' im Unterricht, besonders in Anweisungen des Lehrers, cf. Redder (1984, § 6).

macht in seinen Bauanleitungen allerdings nicht von Modalverben Gebrauch, ja er verwendet kaum Verben, allenfalls in Form des Infinitivs:

(B 16) "Die Lochleisten auf'm Stab, beide ... und mit 'ner Mutter zusammenschrauben." (Kraft 1979, 228)

Die sprachliche Formulierung ist der "empraktischen Einbettung" (Bühler 1934) der Äußerungen in den gemeinsamen Handlungsvollzug, insbesondere in die unmittelbare praktische Umsetzung durch den anderen Jungen, durchaus angemessen. Es liegt hier keine zeitliche Distanz zwischen Anleitung und Ausführung wie beim Wettspiel von Meng. Der Wollens-Tansfer kann in den Präsuppositionsbestand gerückt werden. Eine psychologische Ursache dürfte auch darin liegen, daß der "Vermittler" hier nicht selber an der Ausführung beteiligt ist. Eine Distanzierung durch Rekurs auf die ihm auferlegte Aufgabe ist daher kein Anliegen; vielmehr sichert gute Kooperation einen guten Erfolg, an dem auch er partizipiert.

Es ist anzunehmen, daß ein Kind derart komplexe Diskurse erst allmählich sprachlich zu bewältigen lernt. Langzeituntersuchungen dazu sind dringend erforderlich. So bietet sich an, die Spielerklärungen vergleichend heranzuziehen, die Klann-Delius et.al. (1985) dokumentieren. Nach erster Durchsicht dominieren darin die Verwendungen von 'müssen' und 'nicht dürfen'. Eine Kontrastierung mit dem Material zu erwachsenen Spielerklärern aus dem "Modalitäten"-Projekt (cf. Brünner & Redder 1983) legt sich nahe.

Eine andere Diskursart, die in spezifischer Weise vorstrukturiert ist, ist der Unterrichtsdiskurs. Seine Handlungsbedingungen schlagen sich, wie Untersuchungen gezeigt haben, bis in die sprachlichen Formulierungen hinein nieder. Eine extensive Verwendung findet der Modalverb-Apparat beispielsweise bei der schulspezifischen turn-Organisation. Ich habe dies - und auch die Form des Unterlaufens durch modale Schüleräußerungen - ausführlich dargelegt (cf. Redder 1984, § 3). Es wäre sehr interessant, diese Ergebnisse mit sprachlichen Verfahren von Schülern in den ersten Schultagen und Schuljahren zu vergleichen. In diesen Phasen müssen die schulspezifischen Handlungsbedingungen erst angeeignet werden, also auch die zweckmäßigen sprachlichen Formen. Ein kleiner Ausschnitt aus einer spielerischen Verarbeitung derjenigen Bedingungen, die von der Schule aus bis in die Institution Familie hineinreichen, nämlich der Bedingungen von "Schularbeiten", zeigt erste Aneignungsschritte:

(B 17) (Ein Kind spielt "Schularbeiten-Machen")
"Du solls mir mal den Papierkorb holn.
Will anspitzen.
Du solls till sein."

(Bielefeld 1976, 325)

Die Inanspruchnahme der Modalitäten-Hierarchie ist offenkundig. Wer Schularbeiten macht, bestimmt auch den Handlungsraum anderer, um ihm zu Diensten zu stehen. Schule hat Vorrang.

Diese exemplarischen Hinweise auf differenzierte Handhabung der Modalverben in unterschiedlichen Diskursarten sollen hier genügen.

9. Erwerbsstufen?

Ich möchte mit einigen Bemerkungen schließen, die eine stets virulente Frage der Spracherwerbsforschung betreffen, nämlich die der Erwerbsstufen oder -sequenzen.

Meine Erörterungen in Abschnitt 2 und 3 machen bereits deutlich, daß ich nicht der Auffassung bin, solche Stufen gewissermaßen an der sprachlichen Oberfläche ablesen zu können. Des weiteren haben die Ausführungen im handlungstheoretischen Rahmen wohl deutlich gemacht, daß für die Frage nach Erwerbsstufen der Modalverben mit besonderen Problemen zu rechnen ist.

Der pragmatische Apparat dieser Ausdrucksklasse (des Deutschen) ist nicht nur in sich reich strukturiert, sondern steht zudem in einem komplexen Wechselverhältnis mit anderen Sprechhandlungs- und Diskursdimensionen sowie unterschiedlichen Wissenstypen. Gleichwohl ist davon auszugehen, daß ein Kind sich auch derart komplexe Zusammenhänge in Phasen oder Schüben aneignet. Sicherlich geschieht dies jedoch nicht linear und diskret.

Man wird einmal sorgfältig zu beachten haben, wann und wo feste modale Realisierungsformen von Sprechhandlungen übernommen und mehr oder minder zweckgemäß eingesetzt werden und wann und wo dem Gebrauch eine verbale Planung zugrunde liegt. Des weiteren sind die Praxisbereiche und die Diskurs- und Handlungstypen zu differenzieren, denen ein Kind begegnet und in denen es sich sprachlich verhält. Seine Äußerungen sind analytisch darauf zu beziehen.

So legt es sich beispielsweise nahe, nach den sprachlichen Vorerfahrungen zu forschen, die ersten Modalverbverwendungen zugrunde liegen. Dies könnte auch hilfreich sein, um Diskrepanzen in der Literatur zu klären. Beispielsweise berichtet Felix (1978) von einem 5 1/2-jährigen englischen Mädchen, welches mit knapp 5 Jahren nach Deutschland kam, daß es als erstes 'können' und 'müssen' neben vereinzeltem Gebrauch von 'sollen' und 'möchten' erwarb; 'wollen' und 'dürfen' verwendete es viel später. Es dürften nicht nur die Bedingungen der Zweisprachigkeit im Sinne einer Kontrastivität dafür eine Rolle spielen, sondern ebenso Relevanzstrukturen für sprachliches Handeln in der einen und anderen Sprache, die praktisch bedingt sind.

Ein handlungstheoretischer Ansatz vermag auch mit einigen syntaktischen Phänomenen anders umzugehen, wie etwa mit der Infinitiv-losen Modalverbverwendung des gleichen Mädchens.

(B 18) J. weist F. eine Spielfläche zu

    J: du kannst hier   (Felix 1978, 108)

(B 19) du kannst blau

    (=du kannst den blauen Stift nehmen)   (ebd.)

Die Verwendungen klären sich über das Bühlersche Konzept der Empraxie.

Ein anderes ist zu bedenken. Bedingungen und Erfordernisse der Kommunikation wie auch Kommunikationsbedürfnisse werden nicht in allen Praxisbereichen gleichermaßen handlungspraktisch vorgeführt, also erfahren. Daraus leiten sich unter anderem sicherlich verschiedene Lernverfahren ab, auch Sprachlernverfahren. Der Forschungsstand ist - nicht zuletzt aufgrund der Abkopplung der Psychologie von der Linguistik zu Beginn dieses Jahrhunderts - bis heute erstaunlich mager. Einen wichtigen Hinweis - leider en passant - macht Clahsen (1982) in dieser Richtung. Er beobachtet bei einem Jungen, Matthias, daß er besonders früh eine starke Orientierung auf "differenzierte Kommunikation" (ebd. 85) entwickelt und daher früher von bestimmten syntaktischen Strukturen, beispielsweise Modalverb-Konstruktionen, Gebrauch macht als die anderen untersuchten Kinder. Dies weicht auch ab von der "inneren Logik", die die Syntaxtheorie im Sinne Chomskys vorgibt. Ich meine, daß solche Bemerkungen nicht ernst genug genommen werden können und die Inangriffnahme pragmatischer, handlungstheoretischer Studien auch des Ausdrucks- und Formapparates von Sprache und ihrer Aneignung befördern.

10. Literatur

Adamzik, K. (1985) Zum primärsprachlichen Erwerb der deutschen Modalverben. In: Heintz, G. & Schmitter, P. (Hg.) Collectanea Philologica. Festschrift für Helmut Gipper zum 65. Geburtstag. Baden-Baden: Koerner, Bd. 1, 15 - 37

Austin, J.L. (1956/7) A Plea For Excuses. In: Proceedings of the Aristotelian Society NS LVII, 1 - 30

Auwärter, M. & Kirsch, E. (1982) Die Generierung fiktionaler Realität im kindlichen Handpuppenspiel. In: Soeffner, H.-G. (Hg.) Beiträge zu einer empirischen Sprachsoziologie. Tübingen: Narr, 91 - 114

Bates, E., Camaioni, L., Volterra, V. (1979) The Acquisition of Performatives prior to Speech. In: Ochs, E. & Schieffelin, B. (eds.) Developmental Pragmatics. New York: Academic Press, 111 - 129

Bielefeld, R. (1976) Komplexität und Kommunikationssituation. In: Drachmann, G. (Hg.) Akten des 1. Salzburger Kolloquiums über Kindersprache. Tübingen: Narr, 315 - 328

de Bleser, R. & Poeck, K. (1985) Analysis of Prosody in the Spontaneous Speech of Patients with CV-Recurring Utterances. In: Cortex 21, 405 - 416

Bloom, L. (1973) One Word at a Time. The Hague: Mouton

Brünner, G. (1983) Modalverben in schlußtragenden Konstruktionen. In: Brünner, G. & Redder, A., 165 - 225

Brünner, G. & Redder, A. (1983) Studien zur Verwendung der Modalverben. Tübingen: Narr

Bruner, J.S. (1974/5) From communication to language - a psychological perspective. In: Cognition 3, 255 - 287

Bruner, J.S., Goodnow, J.J., Austin, G.A. (1956) A Study of Thinking. New York etc.: Wiley

Bruner, J.S., Roy, C., Ratner, N. (1982) The Beginnings of Request. In: Nelson, K.E. (ed.) Children's Language, Vol. 3. Hillsdale: Erlbaum

Bühler, K. (1934) Sprachtheorie. Stuttgart: Fischer

Calbert, J.P. (1975) Toward the Semantics of Modality. In: Calbert, J.P. & Vater, H. Aspekte der Modalität. Tübingen: Narr, 1 - 70

Carrell, P.L. (1981) Children's Understanding of Indirect Requests: Comparing Child and Adult Comprehension. In: Journal of Child Language 8, 329 - 345

Chomsky, N. (1986) Changing perspectives on knowledge and use of language. In: Leuvense bijdragen 75, 1 - 71

Clahsen, H. (1982) Spracherwerb in der Kindheit. Tübingen: Narr

Coulmas, F. (1981) Routine im Gespräch. Wiesbaden: Athenäum

Ehlich, K. (1979) Verwendungen der Deixis beim sprachlichen Handeln. Frankfurt etc.: Lang

Ehlich, K. (1981) Sprachmittel und Sprachzwecke. Prolegomena zu einer Sprachtypologie. Tilburg: TILL 1 (=Antrittsvorlesung Düsseldorf)

Ehlich, K. (1986) Interjektionen. Tübingen: Niemeyer

Ehlich, K. & Rehbein, J. (1972) Einige Interrelationen von Modalverben. In: Wunderlich, D. (Hg.) Linguistische Pragmatik. Frankfurt: Athenäum, 318 - 340

Ehlich, K. & Rehbein, J. (1977) Wissen, kommunikatives Handeln und die Schule. In: Goeppert, H. (Hg.) Sprachverhalten im Unterricht. München: Fink, 36 - 114

Felix, S. (1978) Linguistische Untersuchungen zum natürlichen Zweitsprachenerwerb. München: Fink

Galperin, P.J. (1972^3) Die geistige Handlung als Grundlage für die Bildung von Gedanken und Vorstellungen. In: Galperin, P.J. & Leontjew, A.N. u.a. Probleme der Lerntheorie. Berlin: Volk und Wissen, 33 - 49

Garvey, C. (1975) Requests and Responses in Children's Speech. In: Journal of Child Language 2, 41 - 63

Griffiths, P. (1979) Speech acts and early sentences. In: Fletcher, P. & Garman, M. (eds.) Language Acquisition. Cambridge: UP

Hakuta, K. (1974) Pre-fabricated patterns and the emergence of structure in second language acquisition. In: Language Learning 6, 322 - 61

Halliday, M.A.K. (1975) Learning How To Mean. London: Arnold

Heidelberger Forschungsprojekt (1977) Pidgin-Deutschspanischer und italienischer Arbeiter in der Bundesrepublik. Osnabrück: OBST-Beiheft 2

Holzkamp, K. (1973) Sinnliche Erkenntnis. Frankfurt: Athenäum

Holzkamp, K. (1983) Grundlegung der Psychologie. Frankfurt: Campus

Hoffmann, L. (1978) Zur Sprache von Kindern im Vorschulalter. Köln: Böhlau

Kasper, G. (1981) Pragmatische Aspekte in der Interimssprache. Tübingen: Narr

Klann-Delius, G. et.al. (1985) Untersuchungen zur Entwicklung von Diskursfähigkeit am Beispiel von Spielerklärungen. Berlin: LAB 21

Kraft, B. (1979) Zur sprachlich-kommunikativen Leistung älterer Vorschulkinder bei der verbalen Anleitung eines Partners zum Bauen. In: Metze, E. (Hg.) 135 - 234

Leontjew, A.N. (1973) Probleme der Entwicklung des Psychischen. Frankfurt:

Athenäum

Lindner, K. (1983) Sprachliches Handeln bei Vorschulkindern. Tübingen: Niemeyer

Martens, K. (1979) Zur Herausbildung kommunikativer Handlungsmuster zwischen Kind und Bezugsperson: Unterstützen herstellen. In: Martens, K. (Hg.) Kindliche Kommunikation. Frankfurt: Suhrkamp

Major, D. (1974) The Acquisition of Modal Auxiliaries in the Language of Children. The Hague: Mouton

Meng, K. (1979) Sprachliche Äußerung und Kommunikationssituation bei Vorschulkindern. In: Metze, E. (Hg.), 21 - 133

Metze, E. (Hg.) (1979) Aufgabenbezogene Kommunikation bei älteren Vorschulkindern. Berlin: Akademie

Miller, M. (1976) Zur Logik der frühkindlichen Sprachentwicklung. Stuttgart: Klett

Öhlschläger, G. (1986) Zur Syntax und Semantik der Modalverben des Deutschen. Tübingen: Niemeyer

Oksaar, E. (1971) Zum Spracherwerb des Kindes in zweisprachiger Umgebung. In: Folia Linguistica IV, 330 - 358

Pilz, K.D. (1981) Phraseologie. Stuttgart: Metzler

Ramge. H. (1975) Spracherwerb. Tübingen: Niemeyer (= 2., überarb. Aufl.)

Ramge. H. (1975) Quantitative Beobachtungen zur Ontogenese der Modalverben im Deutschen. Dortmund: Vortrag auf der Tagung 'Wortschatzerwerb'

Redder, A. (1983) Handlungstheoretische Bedeutungsbestimmung der Modalverben. In: Brünner, G. & Redder, A. (Hg.), 40 - 46

Redder, A. (1984) Modalverben im Unterrichtsdiskurs. Tübingen: Niemeyer

Redder, A. & Brünner, G. (1979^2) Exemplarische Analyse: Arbeitsplanung in einem Büro für Unternehmensberatung. AP 7 im Projekt "Modalitäten". Düsseldorf: Seminar f. Allgemeine Sprachwissenschaft

Redder, A. & Martens, K. (1983) Modalverben ausprobieren. Wie Kinder mit Modalverben handeln. In: Boueke, D. & Klein, W. (Hg.) Untersuchungen zur Dialogfähigkeit von Kindern. Tübingen: Narr, 163 - 181

Rehbein, J. (1977) Komplexes Handeln. Stuttgart: Metzler

Rehbein, J. (1984) Reparative Handlungsmuster und ihre Verwendung im Fremdsprachenunterricht. Roskilde: ROLIG 30

Reinwein, M. (1977) Modalverb-Syntax. Tübingen: Narr

Reski, A. (1982) Aufforderungen. Zur Interaktionsfähigkeit im Vorschulalter. Frankfurt etc.: Lang

Schegloff, E., Jefferson, G., Sacks, H. (1977) The Preference for Self-Correction in the Organization of Repair in Conversation. In: Language 51, 361 - 382

Stephany, U. (1985) Aspekt, Tempus und Modalität. Zur Entwicklung der Verbalgrammatik in der neugriechischen Kindersprache. Tübingen: Narr

Streeck, J. (1983) Kommunikation in einer kindlichen Sozialwelt. Tübingen: Narr

Vater, H. (1980) Modalverben und Sprechakte. In: Dyhr et.al. (eds.) Festschrift für Gunnar Bech. København: Stougaard Jensen, 291 - 308

Völzing, P.-L. (1981) Kinder argumentieren. Paderborn etc.: Schöningh

Wagner, K.R. (1974/5) Die Sprechsprache des Kindes. 2 Bde. Düsseldorf: Schwann

Wagner, K.R. (1978) Der Erwerb von Sprecherstrategien im Kindesalter. In: Augst, G. (Hg.) Spracherwerb von 6 bis 16. Düsseldorf: Schwann, 267 - 284

Weigl, I. (1977) Zum Spracherwerb bei Krippenkindern. Berlin: Volk und Gesundheit

Weniger, D. (1978) Zur Prosodie bei Aphasie. In: Peuser, G. (Hg.) Brennpunkte der Patholinguistik. München: Fink, 305 - 325

Wode, H. (1981) Learning a Second Language. Vol. I. Tübingen: Narr

Wunderlich, D. (1983) Modalisierte Sprechakte. In: Brünner, G. & Redder, A. (Hg.), 226 - 245

Wygotski, L.S. (1964) Denken und Sprechen. Frankfurt: Fischer

Klaus R. Wagner/Christiane Steinsträter

WÖRTERBUCH DER ILLOKUTIVEN TYPEN ZUM KORPUS TERESA (9;7)

Im ersten Teil des Beitrages (Punkt 1 und 2) geht es um den systematischen Ort, an dem illokutive Typen gesucht und gefunden werden können. Im zweiten Teil (Punkt 3) wird dann mit qualitativen und quantiativen Einzelheiten gezeigt, wie das konkrete Wörterbuch zum Korpus Teresa aussieht.

1. Die Erforschung des illokutiven Bereichs der Sprache

Sprechen besteht nicht nur darin, daß jemand Wörter in Sätzen äußert. Sprechen besteht vielmehr immer auch darin, daß dieser Jemand mit dem Geäußerten auch eine Absicht verbindet. Austin (1972) hat diesen für alle (?) Sprachen grundlegenden Unterschied mit den Termini Lokution (das 'Gesagte') und Illokution (das 'Beabsichtigte') bezeichnet. Beide Bereiche zusammen bilden einen Sprechakt. (Zu Austins Perlokution vgl. Wagner 1984, S. 43.)

Wir wollen diesen wichtigen Unterschied an einem Beispiel aus dem Korpus Teresa erläutern (Korpusseite K 228, Sprechakte 9 - 21). Dieses Beispiel wird auch später immer wieder zur Veranschaulichung herangezogen. Links stehen die Äußerungen der Sprecher (Lokution), rechts die mit der Äußerung verfolgte Absicht (Illokution).

Beispiel: Band-annähen
(Wagner 1975, S. 128)

Lokution	Illokution
Teresa : Oje	BESTÜRZUNG-ÄUSSER
Mama	ANRED
guck mal!(das Band, mit dem das Mikro am Unterhemd befestigt ist, geht los)	AUFFORDER als AUFMERKSAM-MACH
Mutter : Ach! (nicht so schlimm)	BERUHIG
Teresa : Machst'e wieder dran?	FRAG als BITT

Mutter : (macht weiter Klavierstunde mit Klaus)	SCHWEIG als ABSCHLAG
Teresa : (dringlich bittend) Mami!	ANRED(SCHMEICHEL) als BETTEL
Mami!	ANRED(SCHMEICHEL) als BETTEL
Mutter : Ja,	BEREITSCHAFT-ZEIG
was willst'e von mir?	FRAG(WILLEN/WUNSCH)
Teresa : Machst'e mir bitte fest?	FRAG als BETTEL als ANT-WORT
Mutter : Ne (nein),	ABSCHLAG
kann ich jetzt nicht!	HINWEIS als BEGRÜND

Teresa sagt z.B. zu ihrer Mutter: "Machst'e wieder dran?" Sie beabsichtigt damit eine Bitte (BITT, die illokutiven Typen werden mit Großbuchstaben gekennzeichnet ohne die Endungen -N oder -EN). Sie möchte mit der Bitte die Mutter dazu bewegen, ihr das Band am Unterhemd wieder festzunähen, mit dem der Mini-Mikrofon-Sender gehalten wird.

Die Lokution (Wörter, Sätze, Texte) ist das an der Sprache, was beim Sprechen 'ins Ohr fällt' und was beim Schreiben 'ins Auge fällt'. Die Illokution dagegen muß aus der Äußerung erschlossen werden. Jeder Sprachbenutzer tut das ständig und mit Routine. Er weiß in der Regel und in den allermeisten Fällen, was sein Sprechpartner mit seinen Worten (Lokution) beabsichtigt (Illokution).

Daß die Illokution erschlossen werden muß, dürfte ein Grund dafür sein, daß die klassischen Grammatiker sie nur sporadisch und unsystematisch in den Blick bekommen haben. Sie orientieren sich weitgehend an dem Hörbaren und Sichtbaren (Schrift) der Sprache. Und so wurde die klassische Grammatik fast ausschließlich eine Grammatik der Lokution. Illokutive Gegebenheiten 'unterlaufen' eher: z.B. bei den Satzarten (Aussage, Aufforderung, Frage) oder bei den Modi des Verbs (Indikativ, Konjunktiv, Imperativ).

Seit dem Beginn der Sprechakttheorie (Austin 1955/72) gewinnt die Einsicht an Boden, daß mit der bisherigen lokutiven Grammatik nur die eine Hälfte einer umfassenden Sprachbeschreibung geleistet ist (vgl. Wagner 1984, dort weitere Literatur). Die zweite Hälfte, nämlich eine Grammatik der Illokution, muß erst noch erarbeitet werden. Erste Ansätze sind vorhanden, und das hier skizzierte 'Wörterbuch der illokutiven Typen' möchte als ein Beitrag zu einer illokutiven Semantik verstanden werden.

Eine erste grundlegende Schwierigkeit ist der Umstand, daß alle Wörter zunächst einmal in den Bereich der Lokution gehören. Wenn wir über illokutive Tatbestände reden wollen, greifen wir auf lokutive Wörter zurück: Im Anfangsbeispiel 'bittet' Teresa ihre Mutter. Der illokutive Typ ist eine 'Bitte', aber das Wort 'Bitte' stammt aus dem Bereich der Lokution. Eine eigene (Meta-)-Sprache für den Bereich der Illokution gibt es (noch) nicht, falls es sie überhaupt geben wird. Diese interessante Frage kann hier nicht weiterverfolgt werden. Für unseren Zusammenhang aber empfiehlt sich jedenfalls eine ständige, kritische Reflexion, die alle Gedanken und Formulierungen begleitet, die sich mit der Illokution beschäftigen.

In der bisherigen Forschung haben sich zwei Wege (Methoden?) herausgebildet, auf denen man sich einem Wörterbuch der illokutiven Typen zu nähern versucht:

1.1. Liste der Sprechakt-bezeichnenden Verben (S-b-Verben)

Es ist der Weg von 'oben' über die Sprache als 'System' (langue), der hier beschritten wird. Er nähert sich dem wenig erforschten Bereich der Illokution, über den 'gut' erforschten Bereich der Lokution, u.z. über den Verb-Wortschatz. Dieser Weg wurde bereits von Austin (1972, S. 165) vorgeschlagen: "Wenn wir also - vorsichtig - den einfachen Test mit der ersten Person Singular Indikativ Präsens Aktiv benutzen und das Wörterbuch (ein kurzgefaßtes tut's) offenen Sinnes durchgehen, dann bekommen wir eine Liste mit einer Zahl von Verben, die in der Größenordnung der dritten Potenz von 10 liegt." (Austin erläutert diese Zahlenangabe in einer Fußnote: zwischen 1000 und 9999.) Durch den vorgeschlagenen Test bekäme man eine Liste der 'explizit performativen Verben'. Sie müßte durch eine zweite Liste der übrigen S-b-Verben ergänzt werden.

Angeregt durch Austin hat in den 70er Jahren die Berliner Gruppe (Ballmer/Brennenstuhl/Ehlich/Rehbein) versucht, eine derartige Liste zu erstellen (Ballmer/Brennenstuhl 1981, S. VI und 13f). Im Verlauf der Arbeit jedoch konnten sich die vier Mitglieder immer weniger auf ein gemeinsames Vorgehen verständigen. Dies führte schließlich zu einer Spaltung: Ballmer/Brennenstuhl (a.a.O.) publizierten die Ergebnisse ihrer Untersuchung, aber nicht für das

Deutsche, das der ursprüngliche Arbeitsbereich der Berliner Gruppe war, sondern für das Englische. Sie kommen darin auf "4800 speech act verbs" (a.a.O. S. 4f).

Meibauer (1982) stellt seine ausführliche Besprechung der Arbeit von Ballmer/Brennenstuhl unter den Titel: "Akte oder Verben oder beides?" und weist damit auf die generelle Problematik dieses Weges hin. Denn selbst wenn man eine vollständige Liste der S-b-Verben hätte, wäre damit über die Art und die Anzahl der illokutiven Typen noch nichts entschieden. Es ist immerhin möglich, daß eine Sprache zwei oder mehrere S-b-Verben zur Verfügung hat, um mit ihnen einen einzigen Sprechakt (als illokutiven Typ) zu bezeichnen. Ein Beispiel soll das Problem erläutern.

Es gibt in der deutschen Sprache die S-b-Verben 'bezeichnen' und 'benennen'. Entsprechen ihnen nun die illokutiven Typen BEZEICHN und BENENN? Oder aber besteht in diesem Fall keine Strukturgleichheit zwischen dem lokutiven und illokutiven Bereich?

Wir haben uns angesichts unseres Materials entschieden, daß es sich nur um einen illokutiven Typ handelt, der mit zwei S-b-Verben bezeichnet wird. Die Anzahl und die Bezeichnungen der S-b-Verben sagen also wenig über die Anzahl und die Bezeichnungen der illokutiven Typen aus. Ob Übereinstimmung oder Abweichung herrscht, muß in jedem Fall gesondert geprüft werden.

1.2. Wörterbuch der illokutiven Typen

Dieser zweite Weg beginnt 'unten', bei der Kompetenz der einzelnen muttersprachlichen Sprecher. Sie gehen täglich mit ihrer Sprache um, bewegen ihre Sprechpartner zu bestimmten Handlungen, verstehen deren Absichten und reagieren entsprechend. Sie zeigen täglich, daß und wie Sprache im illokutiven Bereich funktioniert. Und wenn die Sprachforschung mit ihrer expliziten Systematisierung von 'oben' nicht recht weiterkommt, dann ist sie gut beraten, wenn sie durch Beobachtung des konkreten Sprechhandelns von unten versucht, die impliziten Regeln für dieses Handeln zu rekonstruieren.

Die Forschung auf dem zweiten Weg meidet zunächst auch eine zu starke Orientierung an der Lokution, vor allem an der Liste und der Systematik der S-b-Verben. Sie befürchtet, durch zu engen Kontakt mit der Lokution vom Wege abzukommen und ihr eigentliches Ziel aus dem Auge zu verlieren, nämlich

die Erforschung der Illokution. So richtet sie möglichst unverstellt und spontan den Blick auf die Äußerung eines Sprechers und fragt sich, welche Absicht verfolgt der Sprecher mit dieser Äußerung. Der Sprachforscher verläßt sich dabei hauptsächlich auf seine eigene Kompetenz als muttersprachlicher Sprecher. Und er zieht die Meinung anderer kompetenter Sprecher zu Rate. Ist dann ein illokutiver Typ einigermaßen zutreffend erkannt, dann ist es eine zweite (sekundäre) Frage, mit welchem Terminus er zu bezeichnen sei. Auch hier einige Beispiele aus unserem Material (von den alternativen Termini ist derjenige unterstrichen, für den wir uns entschieden haben):
BEANSPRUCH vs. ANSPRUCH-ERHEB
RAT 1 vs. ERRAT
NORM-AUFSTELL vs. NORM-SETZ
SCHULD-ZUWEIS vs. BESCHULDIG

Zur Differenzierung und Operationalisierung der Sprecherkompetenz haben Ballmer/Brennenstuhl (1982, S. 3f) vier Teilkompetenzen herausgearbeitet, die zwar von den Autoren für die Analyse des Adjektiv-Wortschatzes aufgestellt wurden, die uns aber auch für die Analyse des illokutiven Bereichs brauchbar erscheinen:
a) Typizitätskompetenz: Hier geht es um den "typischen Gebrauchskontext" (a.a.O. S. 3), in dem ein illokutiver Typ verwendet wird. Im Eingangsbeispiel möchte Teresa das Band festgenäht bekommen. Sie geht zur Mutter, die aber gerade Klavierunterricht mit dem Bruder Klaus macht. Teresa 'merkt' (wie auch immer) durch die Reaktion der Mutter, daß dies keine Situation für AUFFORDER ist. Sie verlegt sich auf BITT und BETTEL.
b) Bedeutungsnähe-Kompetenz: Bei drei typisch verwendeten Illokutionen kann der kompetente Sprecher entscheiden, "welche beiden einander bedeutungsmäßig näher stehen - wenn überhaupt Bedeutungsunterschiede festzustellen sind" (a.a.O.). Von den drei illokutiven Typen AUFFORDER, BITT und BETTEL stehen sich die beiden letzten näher als die zwei übrigen Paarungen.
c) Voraussetzungs-Kompetenz: Bei zwei typisch verwendeten Illokutionen läßt sich entscheiden, welche von beiden die "andere voraussetzt" (a.a.O.). Vergleichen wir BITT und BETTEL; so läßt sich zeigen, daß BITT die Vorausstzung für BETTEL ist. Denn wenn das erste BITT nicht zum Ziel kommt und dann der Sprecher weiterbittet, entsteht der illokutive Typ BETTEL.
d) Paraphrasen-Kompetenz: Der kompetente Sprecher kann von jeder typisch

verwendeten Illokution "bedeutungsexplizierende Paraphrasen produzieren" (a. a.O.). Der illokutive Typ BITT läßt sich folgendermaßen paraphrasieren, (wobei die Paraphrase in diesem Fall schon mehr in eine Definition übergeht):

<u>BITT</u>: Den Sprecher 2 (= Hörer) zu etwas Zukünftigem, das im Interesse von Sprecher 1 liegt, veranlassen, wobei
- die Kooperationswilligkeit von Sprecher 2 nicht ohne weiteres vorausgesetzt werden kann,
- die Entscheidung zum Handeln ganz von Sprecher 2 abhängig ist,
- deswegen der Sprecher 1 an die Freundlichkeit und Höflichkeit des Sprechers 2 appelliert.

Wenn mit Hilfe dieser vier Teilkompetenzen die vorwärtstastenden Schritte auf dem zweiten Weg zunehmend sicherer und ausschreitender geworden sind, dann werden auch die Ergebnisse des ersten Weges (Liste der S-b-Verben und ihre Systematik) willkommen sein. Dann nämlich ist die Gefahr nicht mehr groß, durch vorschnelle Beeinflussung aus dem Bereich der Lokution die Orientierung auf dem Weg in das unerforschte Land der Illokution zu verlieren.

An diesem Punkt der Erörterung ist eine Rückbesinnung auf den Titel angebracht. Haben wir es hier wirklich mit einem '<u>Wörterbuch</u>' zu tun? Aus zwei Gründen sind Zweifel angebracht:
- Die Illokution hat es nicht mit 'Wörtern' zu tun, sondern mit ihren eigenen Einheiten.
- Wenn man schon von der 'Liste' der S-b-Verben spricht, (wo hier der Terminus 'Wörterbuch' doch mit guten Gründen vertreten werden könnte), dann sollte man auch nicht von einem 'Wörterbuch' der illokutiven Typen, sondern besser von einer '<u>alphabetischen Liste</u>' der illokutiven Typen reden. Jedenfalls ist dies mit dem Titel 'Wörterbuch' gemeint.

Nach der Diskussion der beiden Wege zur Erkundung des illokutiven Bereichs der Sprache sollen im folgenden die Schwierigkeiten systematisch erörtert werden, die bei der Analyse der Illokution auftreten.

1.3. Schwierigkeiten bei der Analyse der Illokution

Zur Erforschung von sprachlichem Neuland hat sich die <u>strukturalistische Methode</u> bewährt. Wir versuchen, sie auch für die Analyse des illokutiven Bereichs zu nutzen:

a) Segmentieren

Wie am Eingangsbeispiel zu sehen, segmentieren wir den lokutiven Text in verhältnismäßig kleine illokutive Einheiten. Kriterium ist der Wechsel der Sprecherabsicht. (Eine ähnliche Segmentierung nehmen Zaefferer/Frenz 1979 vor; etwas ländere Sequenzen unterscheidet Martens 1974). Für ungeübte Bearbeiter ist es zunächst schwierig, den Blickwinkel einzunehmen, unter dem die Illokution in den Blick kommt. Mit zunehmender Fertigkeit verringern sich jedoch die Segmentierungsschwierigkeiten.

b) Klassifizieren

Segmentieren und Klassifizieren sind zwar zwei verschiedene Operationen, sie hängen aber eng zusammen. Ohne eine Klassifikation läßt sich nicht segmentieren und umgekehrt. Der Analysator könnte gar keine Segmente entdecken, wenn er nicht durch ein heuristisches Klassifikationsmodell für klassenbildende Merkmale sensibilisiert wäre. Die klassifikatorische Frage "Zu welchem illokutiven Typ gehört dieses Segment?" stellt sich als ein Dauerproblem heraus, u.z. aus folgenden Gründen:

- Solange ein Wörterbuch der illokutiven Typen noch nicht vollständig vorliegt, in dem man im Zweifelsfall nachschlagen kann, um welchen Typ es sich handelt, - solange wird der Analysator immer wieder vor der schwierigen Entscheidung stehen, ob er das fragliche Segment einem bereits vorhandenen illokutiven Typ zuordnen kann oder ob er einen neuen Typ einrichten muß.
- Wie auf allen anderen sprachlichen Ebenen auch sind die Segmente immer Alloformen (Tokens) des Typs. Jede Alloform aber kann immer defekt sein. Wegen dieser Möglichkeit muß der Analysator entscheiden, ob ein fragliches Segment die perfekte Form eines neuen, bisher unbekannten Typs oder die defekte Form eines bekannten Typs darstellt.

c) Bezeichnen

Das dritte Problem einer illokutiven Analyse ist die Bezeichnung des illokutiven Typs. Wir können uns hier kurz fassen, weil die grundlegenden Schwierigkeiten unter den Punkten 1.1. (Liste der S-b-Verben) und 1.2. (Wörterbuch der illokutiven Typen) schon erörtert wurden.

Zum Abschluß dieses Kapitels soll im folgenden Punkt zusammengestellt werden, was wir unter einem illokutiven Typ verstehen.

1.4. Was ist ein illokutiver Typ?

Eine umfassende Definition dürfte sich als ähnlich schwierig herausstellen wie die Definition des 'Wortes'. Deswegen wollen wir uns hier mit der Auflistung einiger Bestimmungsstücke begnügen:

Ein illokutiver Typ
- ist die kleinste Einheit im illokutiven Bereich einer Sprache;
- wird vom Sprecher mit bestimmten lokutiven Mitteln (Wörtern, Satzbauplan) realisiert. Aus der Lokution muß die Illokution immer erschlossen (interpretiert, gedeutet) werden (Wagner 1977, S. 126ff);
- wird durch die lokutive Realisation und gleichzeitig mit ihr vom Sprecher als eine bestimmte sprachliche Handlung in Kraft gesetzt;
- kann mit S-b-Verben oder anderen Ausdrücken bezeichnet werden, ist aber nicht mit ihnen zu verwechseln;
- kommt als type- und token-Form vor: die konkreten 'laufenden' Realisationen der Sprecher fungieren als tokens, die 'typische', 'ideale', 'normative' Form als type. Man sollte also von illokutiven Akten als tokens und illokutiven Typen als types sprechen. Wer das nicht will, kann die in der Linguistik übliche O-vs.-em-Unterscheidung benutzen und den illokutiven Typ vom illokutiven Typem abgrenzen;
- läßt sich mit anderen, ähnlichen illokutiven Typen in illokutiven Klassen zusammenfassen: so gehören BEFEHL, AUFFORDER, BITT, BETTEL u.a. zur Klasse der Aufforderungshandlungen;
- wirkt ('steht' wäre zu statisch) mit quasi-synonymen und antonymen illokutiven Typen in einem Illokutionsfeld (paradigmatische Relation) (vgl. Punkt 3.1c));
- eröffnet bestimmte Leerstellen (illokutive Valenzen) für vorhergehende und nachfolgende illokutive Typen (syntagmatische Relation) (vgl. Punkt 3.1).

Mit Hilfe dieser acht Bestimmungen kann jeder illokutive Typ beschrieben und von anderen Typen abgegrenzt werden. Wie das im Einzelfall aussieht, wird an der 'Musterseite des Wörterbuches der illokutiven Typen' mit dem Eintrag BETTEL exemplarisch vorgeführt (vgl. Punkt 3.1.).

2. Analyse der Illokution in Sprachkorpora

Die Korpusanalyse in der Sprachwissenschaft läßt sich vergleichen mit dem Experiment in der Naturwissenschaft. Durch beide sollen Hypothesen geprüft werden.

2.1. Aufgaben der Korpusanalyse

Die bisherigen Untersuchungen im Bereich der Illokution entzündeten sich an charakteristischen performativen Beispielen wie 'taufen' und 'wetten' (Austin 1972) oder an einzelnen illokutiven Typen wie 'versprechen', 'auffordern', 'fragen', 'danken (für)', 'warnen' u.a. (Searle 1971). Vor allem der illokutive Typ VERSPRECH hat es den Sprechakttheoretikern angetan. Searle versucht ihn mit 9 Bedingungen (S. 88ff) und 5 Regeln (S. 96ff) zu beschreiben, die ihrerseits wieder eine umfangreiche Diskussion ausgelöst haben (z.B. Wunderlich 1972, S. 142ff; 1976, S. 111ff; Hundsnurscher 1976). Auf die Analyse einzelner Sprechakte folgte dann die Untersuchung von illokutiven Klassen, z.B. 'Auffordern' (Hindelang 1978) oder 'Bewerten' (Zillig 1982).

Die Analyseergebnisse wurden jeweils mit Beispielen erläutert, die im besseren Fall als Beleg und im schlechteren Fall als Schmuck der theoretischen Überlegungen fungierten. In einer derartigen Situation kann Korpusanalyse weiter helfen. Sie hat folgende Funktionen:

a) <u>als Korrektiv</u>: Korpusarbeit führt aus der Beliebigkeit der Beispiels-Linguistik heraus. Beispiele, die der Sprachwissenschaftler kraft eigener Kompetenz synthetisiert, sind an strittigen Analysepunkten kein besonders starkes Argument. Belege aus einem Korpus dagegen können qualitative und quantitative Vorstellungen an eine Stelle rücken, die der sprachlichen Wirklichkeit näher liegt als nur-theoretische Überlegungen. Korpusarbeit kann heuristische Hypothesen nicht ersetzen. Sie wird aber notwendig, wenn die Konzepte bis zu einer gewissen Ausführlichkeit gediehen sind und dann an konkretem Material überprüft werden sollen. Insofern ist sie ein notwendiges Korrektiv zu allen theoretischen Überlegungen.

b) <u>als Probe aufs Exempel</u>: Diese Funktion hängt mit der ersten zusammen und ergibt sich aus der Begrenztheit des Korpus. Bei der Wahl des Korpus ist der Bearbeiter 'frei', an das gewählte Korpus jedoch ist er 'gebunden'. Er muß alles analysieren, was im Korpus vorkommt; - er kann sich nicht herauspicken, was ihm ins Konzept paßt, und weglassen, was seine 'schönen Kreise' stört. Insofern bildet Korpusanalyse eine Probe für Forschungshypothesen. Die theoretischen Entwürfe haben sich den konkreten Befunden im Korpus zu stellen. So kann es zu einer Wechselwirkung zwischen der Hypothese und den Daten kommen. Beide beeinflussen und verändern sich gegenseitig. Die Hypothese läßt die Daten in einem anderen/neuen Licht erscheinen, die Daten ihrerseits verändern die Hypothese.

c) als sprachlicher Mikrokosmos: Die Begrenztheit eines Korpus hat einen doppelten Aspekt. Werden die Grenzen zu eng gezogen, ist das Korpus zu klein, so kann es seine Aufgaben als Korrektiv und Probe-aufs-Exempel nicht wahrnehmen. Werden die Grenzen zu weit gesteckt, (was bei einer Tagesaufnahme spontaner Sprechsprache mit ihren großen Datenmengen schon fast der Fall ist), so wird das Korpus unübersichtlich und ebenfalls untauglich zur Erfüllung seiner Aufgaben. Bei 'angemessener' Größenordnung verspricht jedoch ein Korpus, ein 'abgerundetes', 'stimmiges' Ganzes zu enthalten, eine Art sprachlichen Mikrokosmos, in dem das Zusammenwirken der illokutiven Kräfte wirklichkeitsgetreu beobachtet werden kann. Dies gilt in besonderem Maße für Kindersprachkorpora. Je jünger die Kinder sind, desto häufiger durchlaufen sie an einem Tag alle ihnen zugänglichen sprachlichen Handlungsmöglichkeiten. Je älter die Kinder und je erwachsener die Menschen werden, desto unwahrscheinlicher wird es, daß sie an einem bestimmten Tag (dem der Korpus-Aufnahme), alle Sprechhandlungen realisieren, die in ihrer Kompetenz stehen. Ein 9jähriges Kind dürfte mit seiner Sprechtätigkeit etwa in der Mitte liegen. Wir gehen davon aus, daß in der Tagesaufnahme Teresa (alle?) wesentliche Elemente ihrer sprachlichen Handlungsfähigkeit erfaßt und belegt sind.

2.2. Das Korpus Teresa (9;7) (Wagner 1975)

Es enthält die spontane Sprechsprache der Vp. und ihrer Sprechpartner an einem Tag (19.6.1972), u.z. in der Zeit von 7.06 bis 20.30 Uhr. Die Aufnahme umfaßt einen Zeitraum von 13 Stunden und 24 Minuten. Die Vp. spricht an diesem Tag 28142 laufende Wörter (tokens) (vgl. ders. 1974 und 1981).

Für eine illokutive Analyse bot sich dieses Korpus aus zwei Gründen an:
- Die Vp. bewegt sich während des Aufnahmetages durch eine Fülle verschie-

dener Sprechsituationen, so daß ein breites, relativ umfassendes Spektrum unterschiedlicher Sprechhandlungen vorliegt. Dies kann die folgende Liste veranschaulichen.

Liste der Kommunikationssituationen im Korpus Teresa:
Wecken, Anziehen, Mikrofon-Sender annähen, Frühstück, Sachen packen, Auto-Hinfahrt, vor dem Unterricht, Unterricht (1. Stunde Rechnen, 2. Stunde Sprachlehre), 10-Uhr-Pause, Siegerehrung, Auto-Rückfahrt, Sachen wegräumen, Post vorlesen, Teresa Mappe, Stachelbeeren pflücken, Spielen mit Freundinnen (Katze fangen, Verkleiden, Hofclown, Ballett, Kidnapper), Mittagessen, Stachelbeeren pflücken und entstielen, Schularbeiten, Kaffee trinken, Spielsachen aufräumen, Spielen mit Anke (Kaffeetisch, auf Baum klettern, Spielen auf der Wiese, Hüpfen auf der Terrasse, Golduntersucher, Essen, Dukatendiebe), Fernsehen, Gummitwist, Abendessen, Nachrichten im Fernsehen, Zu-Bettgehen (Für eine genauere Diskussion der Sprechsituationen vgl. Wagner 1974, S. 203 - 238.)

- Der Verf. ist als VI. und Vater mit der Vp. gut vertraut. Dies hat auf der einen Seite methodisch den Nachteil, daß eine Äußerung der Vp. u.U. deswegen mißverstanden wird, weil der VI. durch seine intime Kenntnis der Vp. voreingenommen ist. In solchen Fällen wäre ein neutraler VI. günstiger. Familienangehörige als VII. haben aber auf der anderen Seite den Vorteil, daß sie gerade wegen ihrer intimen Kenntnis die Vp. viel besser verstehen als ein Außenstehender. Dies ist für die Bearbeitung von Kindersprache generell von fundamentaler Bedeutung. Darüber hinaus wird die Vertrautheit mit der kindlichen Vp. zu einer notwendigen Bedingung, wenn es um die Analyse des illokutiven Bereichs geht. Ist es oft schon schwer genug zu verstehen, was das Kind sagt (Lokution), so ist es häufig noch schwerer zu erkennen, was das Kind mit dem Gesagten beabsichtigt. Bei derartigen illokutiven Analysen ist es zusätzlich von Vorteil, wenn die Bezugspersonen des Kindes (Mutter, Vater) sich gegenseitig beraten und die unklaren Fälle miteinander besprechen können.

Die illokutive Analyse des Korpus Teresa gestaltete sich schwieriger als am Anfang erwartet, u.z. aus drei Gründen:

a) Arbeitsaufwand: Das Korpus hat einen Umfang von 404 handschriftlichen Korpusseiten (= 207 Drucksseiten). Die Seiten 1 - 185 wurden in zwei Jahren (WS 1981/2 - WS 1983/4) bearbeitet, die Seiten 186 - 404 in einem Parforceritt von 5 Wochen (Sommer 1984). Die illokutive Kodierung des 2. Teils dürfte wegen des kürzeren Bearbeitungszeitraumes einheitlicher ausgefallen sein. Pro Korpusseite kamen etwa 30 - 40 Sprechakte vor, die Bearbeitungszeit pro Seite betrug im Durchschnitt 1 bis 1 1/2 Stunden. Insgesamt war der Arbeitsaufwand wesentlich höher als veranschlagt.

b) <u>Quantitativer Rahmen</u>: Weil die illokutive Analyse es mit dem sprachlichen Handeln, mit dem Interagieren von verschiedenen Sprechpartnern zu tun hat, kann es zunächst keine isolierte Analyse der Sprechakte einer Person (z.B. der Vp.) geben. Die Vp. ist nämlich (wie jede andere Person des Korpus auch) in ständiger Interaktion mit ihren Partnern (Eltern, Geschwistern, Spiel- und Schulkameradinnen, Lehrerin u.a.). Deswegen mußten im Korpus <u>nicht nur die Sprechakte der Vp., sondern auch die aller anderen Sprechpartner</u> bestimmt werden, mit denen die Vp. in Kontakt trat.

Auf diese Weise ergaben sich im Korpus <u>13800 Sprechakte</u> aller beteiligten Sprecher, von denen die <u>Vp. Teresa alleine 8500</u> realisiert. Dies ist eine so große Anzahl, daß sie nicht mehr im Handbetrieb, sondern nur noch im Rechner angemessen ausgewertet werden kann.

Die 13800 Sprechakt-Tokens wurden von Hand in ein <u>Belegstellen-Wörterbuch</u> eingetragen, das im ersten Durchgang 470 illokutive Typen umfaßte. Bei der Kontrolle der gering (1 - 3mal) belegten Typen in einem zweiten Durchgang wurden 34 Typen aufgelöst. Das bedeutet folgendes: Jede Belegstelle eines problematischen Typs wurde nachgeschlagen und mit ähnlichen, konkurrierenden Typen verglichen. Waren keine illokutiven Unterschiede festzustellen, wurde der strittige Typ gestrichen und seine Belegstelle(n) dem anderen illokutiven Typ gutgeschrieben.

Die (bisher) endgültigen 436 illokutiven Typen haben wir nach der Häufigkeit ihres Auftretens (tokens) in drei Gruppen zusammengefaßt. Die Gruppengrenzen scheinen uns zwar im Material begründet, sind aber letztlich wohl willkürlich gesetzt.

1. Gruppe :	1 - 15 mal belegt	: 265	Typen
davon	1 " "	: 49	"
	2 " "	: 33	"
2. Gruppe :	16 - 50 " "	: 100	"
3. Gruppe :	51 und mehr mal "	: 71	"
	insgesamt	: 436	"

Wenden wir den Blick auf die Zahlenangaben bei Austin und Ballmer/ Brennenstuhl so ergibt sich folgendes Bild: Austin schätzt die Anzahl der performativen Verben auf 1000 bis 10000. Ballmer/Brennenstuhl kommen in ihrer Liste der S-b-Verben auf 4800, also auf eine Zahl, die genau in der Mitte von Austins Schätzbereich liegt. Wir haben im Korpus Teresa rund 500 illokutive Typen gefunden. Gründe für diese (relativ geringe) Größenordnung dürften sein:
- Die Zahl der S-b-Verben ist größer als die der illokutiven Typen (vgl. Punkte 1.1. und 1.2.).
- Die Begrenztheit eines Korpus, vor allem auch die charakteristischen Kommunikationsstrukturen in einem Kindersprachkorpus (vgl. Punkt 2.2.) führen ebenfalls zu einer Auswahl der illokutiven Typen.

c) Qualitativer Rahmen: Garantiert ein Korpus generell eine Einschränkung der unendlichen sprachlichen Datenmengen, so unterliegt das Korpus Teresa zusätzlich noch weiteren Restriktionen:
- Einmal handelt es sich um ein Korpus der spontanen Sprechsprache. Schriftliches kommt zwar an diesem Tage vor (im Unterricht, in der Zeitung), es wird aber von der Vp. kein schriftlicher Text verfaßt, sondern Texte werden nur vorgelesen (von der Vp. und anderen). Im Sprachlehre-Unterricht wird auch geschrieben, aber keine Sätze, sondern Wörterlisten (K 36ff). Beim Schreiben spricht Teresa leise vor sich hin, was von uns als Handlungs-begleitendes Sprechen (HANDLUNGS-SPRECH) kodiert wurde.
- Zweitens handelt es sich um ein idiolektal zentriertes Korpus. Im Mittelpunkt steht der Idiolekt einer 9jährigen. Dies zeigt sich im quantiativen Bereich darin, daß von den 13800 (= 100 %) Sprechakten aller Sprecher die Vp. alleine knapp Zweidrittel (62 %) tätigt. - Nun steht jedoch der Idiolekt der Vp. nicht isoliert da, sondern er ist eingebettet in den Familiolekt der Angehörigen und in den Soziolekt der Spiel- und Schulkameradinnen, der Lehrerinnen und Nachbarn. Insofern wird der idiolektale Fokus doch wieder ausgeweitet in einen Hof von Familio- und Soziolekt.

Nach diesem Überblick über das analysierte Korpus wenden wir uns nun dem Wörterbuch der illokutiven Typen im einzelnen zu.

3. Das Wörterbuch der illokutiven Typen

Zunächst wird eine Seite aus dem Wörterbuch exemplarisch vorgestellt, daran schließt sich die alphabetische Liste aller illokutiven Typen an, und zum Schluß wird für die häufigsten illokutiven Typen (nicht für alle) die Reihenfolge nach Rangsätzen angegeben.

3.1. Musterseite BETTEL

Bettel

a) Definition/Paraphrase: Nachdem das erste BITT (vgl. dort) von Sprecher 2 abgeschlagen ist, weiter bitten. Durch quantitative Häufung von Bitten den Widerstand von Sprecher 2 zu überwinden versuchen.

b) Quantitative Verteilung

Spalte	1	2	3	4	5	6	7	8	9	10	11	12	13
			R	Ro	S	u	Summe	△	R△	Ro△	S△	u△	Summe
	T	1	2				3	3					3

insgesamt 6 Belege

c) Relationen und Valenzen

Paradigmatische Relation/Illokutionsfeld

- Quasi-Synonyme: BITT, BITT (ERLAUBNIS), WÜNSCH, AUFFORDER(HÖF-LICH);
- Antonyme: BEFEHL, GEBIET, ANWEIS, BESTIMM, AUFTRAG, BESTELL (=KAUFWUNSCH-ÄUSSER).

Syntagmatische Relation/illokutive Valenzen

2 Sprecherwechsel vorher: Sprecher 1 BITT (obligatorisch);

1 Sprecherwechsel vorher: Sprecher 2 ABSCHLAG oder ein äquivalenter Sprechakt z.B. ABLEHN (fakultativ);

Sprecher 1 BETTEL;

1 Sprecherwechsel nachher: Sprecher 2 ABSCHLAG oder ERLAUB bzw. Äquivalente (fakultativ).

d) Beispiel/Belegstellen

Hier gehört zunächst das Beispiel hin, das zur Veranschaulichung an den Anfang von Kapitel 1 gestellt wurde.

Weitere Belegstellen

- Bitte! (flehend) (T 112.1)

- Elefant möchte 'n Küß... (Küßchen) (T 397.29 R)
Mutter: Ich muß jetzt gucken! (Fernsehn)
- Elefant will 'n Küßchen! (T 397.31 R)
Mutter: Muß er sich von der Backe putzen!

e) Nicht benutzte Termini
   Bei BETTEL nicht vorgesehen; bei BEIFALL-ÄUSSER etwa APPLAUDIER
f) Literatur

Erläuterungen zur Musterseite BETTEL

zu a) Die Bestimmung pendelt bei den verschiedenen illokutiven Typen zwischen Paraphrase und Definition, je nach den Formulierungsmöglichkeiten. Die Definition BITT, auf die bei BETTEL verwiesen wird, ist bereits oben (unter Punkt 1.2. d) Paraphrasen-Kompetenz) angeführt. Der 'Hörer' wird immer 'Sprecher 2' genannt, um seine Gleichwertigkeit als 'Gegensprecher' zu Sprecher 1 zu betonen.

zu b) Unter Spalte 1 erscheinen die verschiedenen Sprecher-Sigeln. BETTEL ist im analysierten Korpus nur bei Teresa belegt. Die Spalten 2 - 6 geben die Werte für die Ebene der Basissprechakte, die Spalten 8 - 12 für die als-Ebene (vgl. Wagner 1984, S. 45ff) an, die mit einem Dreieck gekennzeichnet ist. Die Spalten 2 und 8 enthalten alle 'normalen' Sprechakte, die nicht in besonderen Kommunikationssituationen geäußert wurden. Die Spalten 3 - 6 und 9 - 12 dagegen beziehen sich gerade auf solche besonderen Fälle, u.z. die Spalten 3 und 9 (Sigel R) auf Sprechakte, die im Rollenspiel realisiert wurden, die Spalten 4 und 10 (Sigel Ro) auf Sprechakte, die bei der Organisation des Rollenspiels vorkamen. Die Spalten 5 und 11 zählen Sprechakte in Selbstgesprächen (Sigel S) auf, und die Spalten 6 und 12 werden Kombinationen von R, Ro und S eingetragen. Die Spalte 7 gibt die Summe der Spalten 2 - 6, die Spalte 13 die Summe der Spalten 8 - 12 an.

zu c) Zunächst werden die benachbarten (Quasi-Synonyme) und dann die gegenüberliegenden (Antonyme) illokutiven Typen im Illokutionsfeld aufgeführt. Dies Angaben haben sich in Zweifels-, Vergleichs- und Suchfällen als sehr nützlich erwiesen.

Die illokutive Valenz gibt Aufschluß über die Einsatzmöglichkeiten des illokutiven Typs in den übergeordneten Einheiten der Sprechstrategien und der Kommunikationsmuster. Die Zusammenhänge lassen sich auch in einem Baumgraphen darstellen:

Muster: BITT - ERLAUB/ABSCHLAG

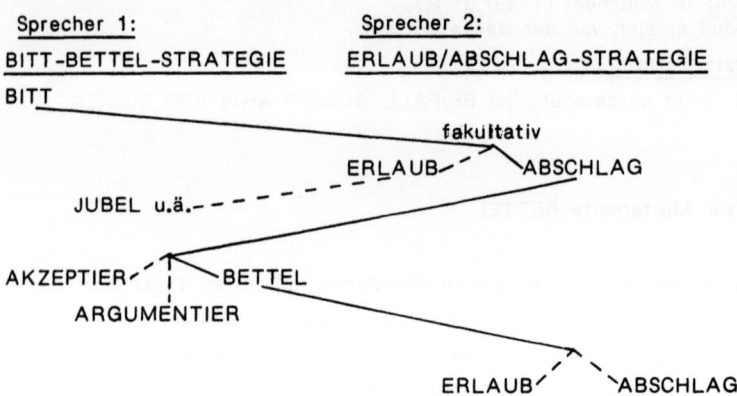

zu d) Um dem Benutzer des Wörterbuches nicht nur eine Orientierung an der Paraphrase/Definition, sondern auch einen anschaulichen, direkten Vergleich zu ermöglichen, werden hier <u>typische Belegstellen</u> angegeben, von denen eine auch im <u>Kontext</u> der Sprechaktsequenz erscheint.

zu e) Angaben zu <u>nicht benutzten Termini</u> sollen verhindern, daß durch rein terminologische Unterschiede Verwirrung gestiftet wird. Sie gründen auf den theoretischen Überlegungen zum Verhältnis von S-b-Verben und illokutiven Typen, wie sie im Kapitel 1 ausgebreitet wurden.

zu f) Als <u>Literaturangaben</u> sind nur Verweise zu Untersuchungen vorgesehen, in denen ausführlich und substantiell zu diesem illokutiven Typ Stellung genommen wird.

3.2. Alphabetische Liste der illokutiven Typen

In dieser Liste werden insgesamt 436 illokutive Typen aufgeführt. Hinter jeder Nennung stehen zwei Zahlen: a) Vorkommen insgesamt (von allen Sprechern benutzt), b) nach dem Schrägstrich: Vorkommen nur bei der Vp. Teresa. Da sich zwei (oder mehr) illokutive Typen in einem Sprechakt überlagern können (z.B. HINWEIS als ANTWORT), ist die Summe aller Zahlenangaben zu den verschiedenen Typen größer als die Gesamtsumme der Sprechakte (13800).

ABÄNDER (11/6)
ABLEHN (193/110)
ABLENK (5/1)
*ABNEIGUNG-ÄUSSER (21/16)
*ABSCHEU-ÄUSSER (1/1)
ABSCHLAG (16/9)
ABWEHR (4/2)
ABWINK (3/1)
ABZÄHL (18/16)
AKZEPTIER (111/77)
ALAMIER (4/4)
ANBIET (39/21)
ANBIET (ALTERNATIVE)(20/10)
ANBIET (HÖFLICH (3/2)
ANBIET (WETTE) (2/-)
ANFEUER (5/3)
ANFLEH (3/1)
ANFRAG (5/2)
ANGEB (3/1)
ANGST-ÄUSSER (10/8)
ANKNÜPF (40/23)
ANKÜNDIG (240/183)
ANMELD (1/3)
ANNEHM (4/1)
ANPREIS (13/5)
ANRED (791/508)
ANRED (UNFREUNDLICH (3/-)
ANRUF (1/1)
ANSCHLIESS (12/8)
ANSPRACHE-HALT (1/-)
ANSPRUCH-ERHEB (39/16)

ANSPRUCH-GELTEND-MACH (4/-)
*ANSTRENGUNG-ÄUSSER (125/123)
ANTRIEB (3/-)
ANTWORT (748/411)
ANWEIS (52/17)
APPELLIER(E)(1/-)
APPELLIER (MITGEFÜHL)(5/3)
APPELLIER(VERSTÄNDNIS)(6/4)
APPELLIER(WISSEN) (5/4)
APPELLIER(ZUSTIMMUNG)(140/85)
ÄRGER (19/5)
*ÄRGER-ÄUSSER (23/15)
ARGUMENTIER(18/9)
ARTIKULIER(5/4)
AUFFORDER (831/469)
AUFFORDER(HÖFLICH) (3/3)
AUFGABE-STELL(3/2)
AUFGREIF (7/4)
AUFMERKSAM-MACH (204/113)
AUFRUF (10/-)
AUFSAG (1/1)
AUFTRUMPF (9/7)
AUFZEIG (1/19
AUSKUNFT-GEB (2/1)
AUSLACH (19/19)
AUSMAL (34/16)
AUSSCHIMPF (2/1)
AUSWEICH (3/2)

BEANSTAND (4/2)
BEDAUER (36/24)
BEDINGUNG-NENN(7/3)
BEDINGUNG-STELL (3/3)
BEEND (63/42)
BEFOLG (50/27)
*BEFRIEDIGUNG-ÄUSSER (6/4)
*BEFÜRCHT (24/9)
*BEGEISTERUNG-ÄUSSER (21/8)
BEGRÜND (546/390)
BEGRÜSS (35/14)
*BEHAG-ÄUSSER (3/3)
BEHARR (93/48)
BEHAUPT (147/84)
BEIFALL-ÄUSSER (13/-)
BEIPFLICHT (7/3)
BEISPIEL-GEB (16/8)
BEJAH (113/73)
BEKLAG (12/10)
BEKRÄFTIG (61/41)
BELEHR (2/-)
BEMÄNGEL (19/11)
BENENN (20/15)
BEREITSCHAFT-ZEIG (83/40)
BERICHT (34/20)
BERUHIG (57/27)
BESCHIMPF (26/14)
BESCHREIB (71/54)
BESCHULDIG (10/3)
BESCHWICHTIG(18/17)
BESTÄTIG(230/129)

(Mit einem * sind die Typen mit überwiegend "positionaler Funktion" (Ossner 1985, S. 102ff) gekennzeichnet).

BESTIMM (119/84)
BESTRAF (1/1)
BESTRAF-FORDER (3/2)
BESTREIT (8/1)
*-BESTÜRZUNG-ÄUSSER (5/4)
BET (4/1)
BET (BITT)(3/1)
BET (DANK)(3/2)
BETEUER (16/13)
BETON (60/51)
*BETROFFENHEIT-ÄUSSER (3/2)
BETTEL (3/5)
BEURTEIL (19/13)
BEWEIS (2/-)
BEWERT (650/393)
BEWUNDER (69/36)
BEZWEIFEL (21/5)
BILLIG (20/13)
BITT(ANERKENNUNG) (2/2)
BITT(BESTÄTIG)(10/6)
BITT(ERLAUB)(62/52)
BUCHSTABIER(19/18)

DANK (40/25)
DECKEL (12/3)
DENKANSTOSS-GEB (2/1)
DROH (31/20)

EINFALL (22/18)
EINLAD (5/3)
EINLENK (8/6)
EINPRÄG (1/-)

EINSCHRÄNK(30/19)
EINSEH (7/5)
EINSPRUCH-ERHEB (7/3)
EINWEND (32/14)
*EKEL-ÄUSSER(9/7)
*EMPÖR-ÄUSSER(5/3)
ENTSCHEID (17/14)
ENTSCHLOSSENHEIT-ZEIG (3/3)
ENTSCHULDIG (21/12)
*ENTSPANNUNG-ÄUSSER (28/14)
*ENTTÄUSCHUNG-ÄUSSER(43/36)
ERGÄNZ (24/13)
ERGEBNIS-NENN(9/9)
ERINNER (39/19)
ERKLÄR (222/135)
ERLAUB (60/29)
ERLÄUTER (86/60)
*ERLEICHTERUNG-ÄUSSER(33/29)
ERMAHN (33/9)
ERMUNTER (11/3)
ERMUTIG (7/3)
ERNSTHAFTIGKEIT-ANZEIG (12/8)
ERRAT (2/2)
*ERREGUNG-ÄUSSER (61/35)
*ERSCHÖPFUNG-ÄUSSER (1/1)
ERSCHRECK (2/-)
ERSTAUN (98/62)
ERWART (8/7)
ERZÄHL (90/47)

FABULIER (8/8)
FESTSTELL(460/270)
FOLGER (13/5)
FORDER (1/-)
FORTSETZ (7/5)
FRAG (14/7)
FRAG(BEWERTUNG/BEURTEILUNG)(140/72)
FRAG(ENTSCHEIDUNG) (3/3)
FRAG(ERLAUBNIS) (55/36)
FRAG(GRUND)(54/18)
FRAG(INFORMATION) (513/232)
FRAG(KONTAKT)(19/10)
FRAG(KONTOLL)(77/34)
FRAG(LEHRER)(38/1)
FRAG(NACHFRAG)(016/39)
FRAG(NORM)(21/8)
FRAG(QUIZZ)(7/6)
FRAG(RÜCK)(78/17)
FRAG(TUN)(15/7)
FRAG(ÜBERLEGUNG) (39/34)
FRAG(VERSTÄNDNIS) (154/88)
FRAG(WILLEN/WUNSCH) (47/25)
FRAG(WISSEN)(5/-)
FRAG(ZUSTIMMUNG) (25/13)
FREISTELL(1/-)
*FREUDE-ÄUSSER (262/207)
FREUDE-MACH (1/-)
*FREUNDLICH-ÄUSSER (3/2)

*FRIER-ÄUSSER (5/5)
*FRÖHLICH-ÄUSSER (7/6)
*FROHLOCK (3/2)

GEBIET (5/-)
*GEFÜHL(VORNEHM)-ÄUSSER (36/25)
GEHORCH (9/8)
GLIEDER (214/160)
GRATULIER (2/2)
GRÜSS (22/15)

*HANDLUNGS-SPRECH (81/78)
HERAUSFORDER (1/-)
HILFE-RUF (11/4)
HINWEIS (1502/920)
HOCHLEBEN-LASS (5/5)
HOFF (15/13)
HÖFLICH- SEI (5/1)

IDENTIFIZIER (19/14)
IMITIER (5/5)
IN-DIE-KLASSE-RUF (1/1)
INFORMIER (7/6)
INSTRUIER (13/-)
INTEGRIER (1/-)
INTERESSE-WECK(6/3)
INTERPRETIER(3/2)
IRONISIER (22/8)

*JUBEL (14/3)

KABBEL (9/7)

KAPITULIER (1/-)
KAUFWUNSCH-ÄUSSER (5/5)
KLAG (2/2)
KOMMANDIER (59/40)
KOMMENTIER (104/74)
KOMPLIKATIO (31/30)
KONTAKT-AUFNEHM (11/4)
KONTROLLIER (35/18)
KOOPERATIV-SEI(1/1)
KORRIGIER (150/98)
KRITISIER (10/6)

*LANGEWEILE-ÄUSSER (21/20)
LAUTMAL (121/77)
*LECkER-ÄUSSER (40/35)
LEHR (1/-)
LERN (1/1)
LOB (39/12)
LOCK (11/10)
*LUST-ÄUSSER (2/2)

MAHN (3/2)
MAUL (3/2)
MELD (7/5)
*MISSFALLEN-ÄUSSER (6/6)
MITFÜHL (21/8)
MITFREU (1/1)
MITLACH (3/3)
MITMACH (6/3)
MITMACH-ZEIG (1/1)
MITSING (11/7)
MITTEIL (24/17)
MITZAUBER (1/1)

MOTZ (3/-)
*MÜDIGKEIT-ÄUSSER (19/15)

NACHGEB (2/-)
NACHVOLLZIEH (9/4)
NECK (80/42)
*NEID-ÄUSSER (4/1)
NENN (225/159)
NICHT-ERNST-NEHM (1/1)
NORM-BEFOLG (1/-)
NORM-BERUF (39/12)
NORM-SETZ (56/36)
NORM-ZITIER (45/21)
*NOT-ÄUSSER (2/2)

PARODIER (28/23)
PLAN (45/29)
PRÄSENTIER (55/44)
PRÄZISIER (158/106)
PROBIER (6/5)
PROBLEMATISIER(39/21)
PROTESTIER (40/25)
PRÜF (17/15)

QUALIFIZIER (4/4)

RAT-GEB (7/4)
RATEN-LASS (3/1)
RECHN (12/11)
RECHTFERIG (28/11)
RECHT-GEB (4/-)
REDE-ERLAUB (1/-)
REDENSART (8/3)
REGEL-ABÄNDER (1/-)

REGEL-AUFSTELL (8/7)
REGEL-BERUF (4/3)
REIZ (12/6)
REKAPITULIER (2/-)
RELATIVIER (46/27)
*RESIGNATION-
 ÄUSSER(8/6)
RUF (84/70)
RUF(HILFE)(11/4)

SAUER-REAGIER (2/1)
*SEUFZ (7/7)
SICH-ALS-NICHT-BE-
 TROFF-ERKLÄR(5/1)
*SICH-AMÜSIER(105/85)
SICH-ANMELD (8/5)
SICH-AUFSPIEL (4/4)
SICH-BEDAUER (10/9)
SICH-BEHAUPT (8/2)
SICH-BEKLAG (31/14)
SICH-BERUHIG (3/3)
SICH-BESCHIMPF (1/1)
SICH-BESCHWER (1/-)
SICH-BETEILIG (2/1)
SICH-BRÜST (10/4)
SICH-EINPRÄG (3/1)
SICH-EINSCHALT (1/1)
SICH-DUMMSTELL (3/-)
SICH-DISTANZIER (3/3)
SICH-ENTSCHEID (17/15)
SICH-ERINNER (36/33)
SICH-ERMAHN (1/1)
SICH-ERMUTIG (5/5)
SICH-FÜHL (20/19)
SICH-GLEICHSTELL(45/33)
SICH-KLAR-MACH(2/2)
SICH-KORRIGIER(40/34)

SICH-LOB (10/9)
SICH-MELD (39/30)
*SICH-MITFREU (2/-)
SICH-MOCKIER (8/4)
SICH-PRÄSENTIER (6/4)
SICH-TRÖST (11/10)
SICH-VERGEWISSER(11/5)
SICH-VORNEHM (3/3)
SICH-VORSTELL (1/1)
SICH-WEIGER(11/6)
SICH-WICHTIG-MACH (3/2)
SICH-WUNDER (13/11)
SING (152/113)
SKEPSIS-ÄUSSER (1/-)
SPIEL-BEGLEIT (14/10)
*SORGE-ÄUSSER (1/-)
SPRACHSPIEL (60/41)
SYMPATHIE-BETEUER (1/1)
SYMPATHIE-ZEIG(36/26)

*SCHADENFREUDE-ÄUSSER
 (12/7)
SCHÄTZ (21/9)
SCHENK (1/1)
SCHERZ ((9/1)
SCHEUCH (9/8)
SCHIEDSRICHTER(8/5)
SCHIMPF (4/3)
SCHLECHT-MACH(16/12)
SCHLICHT (2/2)
*SCHMERZ-ÄUSSER(54/27)
SCHMUS (60/50)
*SCHRECK-ÄUSSER(11/9)
SCHWEIG (20/15)
STICHWORT-GEB (1/-)
STOLZ-ÄUSSER(19/18)

STORNIER(AUFFORDER)
 (2/2)
STREIT (10/-)
STUTZ (2/2)

TADEL (6/5)
*TRAUER-ÄUSSER(2/2)
*TRIUMPF-ÄUSSER(50/39)
TRÖST(23/10)
TROST-SUCH(3/3)
TROTZ (1/-)

ÜBERBIET (3/1)
ÜBEREINSTIMM (2/2)
*ÜBERHEBLICH-ÄUSSER
 (11/10)
ÜBERLEG (123/107)
*ÜBERLEGENHEIT-ÄUSSER
 (6/1)
ÜBERMITTEL(ANWEISUNG)
 (2/1)
ÜBERMITTEL(AUFTRAG)
 (3/2)
ÜBERMITTEL(BEFEHL)
 (1/-)
ÜBERMITTEL(WÜNSCH)
 (1/-)
*ÜBERMUT-ÄUSSER (2/2)
ÜBERRED (3/1)
ÜBERTREIB (4/2)
*ÜBERRASCHUNG-ÄUSSER
 (35/26)
ÜBERTRUMPF (3/2)
ÜBERZEUG (1/1)
UMLENK (4/1)
*UNBEHAGEN-ÄUSSER
 (6/5)
*UNGEDULD-ÄUSSER
 (21/12)

*UNLUST-ÄUSSER(18/14)
*UNMUT-ÄUSSER(57/34)
UNTERBRECH(28/22)
UNTERHALT (89)
UNTERSAG (14/4)
UNTERSTELL (3/0)
UNTERSTREICH (5/4)
*UNZUFRIEDENHEIT-ÄUSSER (3/2)
*UNVERSTÄNDNIS-ÄUSSER (2/2)

VERABSCHIED(49/35)
VERBIET (38/24)
VERGEWISSER(28/13)
VERGLEICH (16/11)
VERKÜND (28/24)
*VERLEGENHEIT-ÄUSSER (17/14)
VERMITTEL(12/7)
VERMUT (69/35)
VERNEIN(175/122)
VERPFLICHT (2/1)
VERSICHER (9/6)
VERSPRECH (11/7)
VERSTÄNDNIS-ÄUSSER (4/-)
VERSTEHEN-ÄUSSER (154/122)
VERTRAUT-ZEIG (1/1)
VERTRÖST (3/2)
VERWERF (6/6)
VERZICHT (1/-)
VERZWEIFEL (1/-)
VORAUSSAG (4/4)
VORBEREIT (2/-)
VORBET (2/-)

*VORFREUDE-ÄUSSER (9/9)
VORFÜHR (41/35)
VORHALT (8/7)
VORLES (37/31)
VORMERK (1/1)
VORSAG(3/3)
VORSCHLAG(388/204)
VORSTELL (1/-)
VORWERF (42/18)

WARN (62/31)
*WEIN (6/1)
WEITER-NECK (1/-)
WEITERSPINN(5/2)
WIDERLEG (2/-)
WIDERSPRECH (215/125)
WIEDERHOL (49/33)
WISSEN-ZEIG (4/4)
WITZ-MACH (58/27)
WITZ-WEITERSPINN (14/7)
*WOHLBEFINDEN-ÄUSSER (40/39)
WOHLWOLLEN-ÄUSSER (3/2)
*WONNE-ÄUSSER (3/3)
WÜNSCH (168/100)
WÜRDIG (9/4)
*WUT-ÄUSSER (1/-)

ZÄHL (10/10)
ZANK (1/-)
ZAUBER (5/2)
ZEIG (264/203)
ZITIER (41/30)
ZÖGER (10/10)

ZU-BEDENK-GEB (9/4)
*ZUFRIEDEN-ÄUSSER (8/8)
ZUGEB (10/2)
ZUGESTEH (2/1)
ZURED (6/3)
ZURÜCKWEIS (39/20)
ZUSAG (11/6)
ZUSAMMENFASS (8/5)
ZUSCHREIB (17/12)
ZUSICHER (3/2)
ZUSTIMM (320/175)
*ZUVERSICHT-ÄUSSER (3/2)
ZUWEIS (6/5)
ZWEIFEL (2/-)

insgesamt 436 Sprechakte

3.3. Die Häufigsten illokutiven Typen nach Rangplätzen

	Illokutiver Typ	von allen Sprechern	von Teresa
1.	HINWEIS	1 502	920
2.	AUFFORDER	831	469
3.	ANRED	791	508
4.	ANTWORT	748	411
5.	BEWERT	650	393
6.	BEGRÜND	546	390
7.	FRAG (INFORMATION)	513	232
8.	FESTSTELL	460	270
9.	VORSCHLAG	388	204
10.	ZUSTIMM	320	175
11.	FREUDE-ÄUSSER	262	207
12.	ZEIG	264	203
13.	ANKÜNDIG	240	183
14.	BESTÄTIG	230	129
15.	ERKLÄR	222	135
16.	WIDERSPRECH	215	125
17.	GLIEDER	214	160
18.	AUFMERKSAM-MACH	204	113
19.	ABLEHN	193	110
20.	VERNEIN	175	122

P.S. Den sprachkritischen Leser bitten wir um Verständnis für die Pfadfinder-Metaphorik, die sich in einigen Passagen eingestellt (eingeschlichen?) hat. Jedem, der Neuland betritt, kommt sie wohl unwillkürlich in den Sinn und von dort über die Lippen und in die Feder. Schon unsere griechischen Vor- und Herausdenker sprachen schließlich von 'Methode', wenn sie sich auf den Weg machten.

Literatur:

Austin, J.L. (1972): Zur Theorie der Sprechakte. Stuttgart

Ballmer, Th./Brennenstuhl, W. (1981): Speech Act Classification. Berlin/Heidelberg/New York

-,-/-,- (1982): Zum Adverbial- und Adjektivwortschatz der deutschen Sprache In: Linguistische Berichte 78 (1 - 32)

Hindelang, G. (1978): Auffordern. Göppingen

Hundsnurscher, F. (1976): Versprechungen. In: Rücker, H./Seidel, K.O. (Hgg.): Sagen mit Sinne. Göppingen (436 - 455)

Martens, K. (1974): Sprachliche Kommunikation in der Familie. Kronberg Ts.

Meibauer, J. (1982): Akte oder Verben oder beides? In: Zs. f. Sprachwissenschaft Bd. 1, Hft. 1 (137 - 148)

Ossner, J. (1985): Konvention und Strategie. Tübingen

Searle, J.R. (1971): Sprechakte. Frankfurt/M.

Wagner, K.R. (1974): Die Sprechsprache des Kindes. Teil 1: Theorie und Analyse. Düsseldorf

-,- (1975): Die Sprechsprache des Kindes. Teil 2: Korpus und Lexikon. Düsseldorf

-,- (1977): Sprechstrategie-Illokution vs. Sprechakt-Illokution. In: Deutsche Sprache Heft 2/1977 (126-140)

-,- (1981) Wieviel sprechen Kinder täglich? In: Wirkendes Wort 31.Jg.(17-28)

-,- (1984): Sprechstrategien in einer illokutiven Grammatik. In: Rosengren, I. (Hg.'): Sprache und Pragmatik (Lunder germanistische Forschungen Bd. 53) Stockholm (41 - 73)

Wunderlich, D. (1972): Sprechakte. In: Maas, U./Wunderlich, D.: Pragmatik und sprachliches Handeln. Frankfurt/M. (69 - 188)

-,- (1976): Studien zur Sprechakttheorie, Frankfurt/M.

Zaefferer, D./Frenz, H.-G. (1979): Sprechakte bei Kindern. In: Linguistik und Didaktik 10. Jg. Heft 38 (91 - 132)

Zillig, W. (1982): Bewerten. Linguistische Arbeiten 115. Tübingen

Harlinde Hesse/Bodo Hesse

WORTSCHÄTZE DER GRUNDSCHULE. PROBLEME IHRER BESCHREIBUNG

1.0 Charakterisierung der gesammelten Wortschätze

Die folgenden Überlegungen beziehen sich auf ein Korpus von Wortschätzen, das für eine umfangreichere Untersuchung zusammengetragen worden ist. Im folgenden soll es darum gehen, dieses Korpus knapp vorzustellen, es in seinen wesentlichen Zügen zu beschreiben und zu klassifizieren, sowie schließlich anhand einer kleinen Zahl von Listen einige der Möglichkeiten und Schwierigkeiten aufzuweisen, die sich bei einem statistischen Vergleich der enthaltenen Wortschätze untereinander ergeben.

1.1 Wortschätze - von Erwachsenen erstellt

Das Korpus ist mit dem Ziel zusammengestellt worden, ein "sprachliches Profil des Grundschulkindes" zu erarbeiten. Es enthält daher einerseits diejenigen Wortschätze, die die Grundschule als Lernraum charakterisieren, und andererseits solche, die das kindliche Sprechen und Schreiben erfassen wollen.

Als schul- und lernorientiert betrachten wir Wortschätze, die im Schreib- oder Leselernprozeß als Orientierungsraster dem Lehrer an die Hand gegeben[1], oder die aus der Analyse von Grundschulfibeln gewonnen wurden[2]. Als zu dieser Klasse gehörig betrachten wir auch solche Wortlisten, die von bestimmten Gremien als "Grundwortschätze"[3] für die Grundschule vorgegeben werden; es gehören hierhin zudem diejenigen Listen, die als Zusammenstellungen besonders fehlerträchtiger Wörter dem Lehrer didaktische Hilfsmittel spezifischer Art sein wollen[4].

Diesen Wortlisten ist gemeinsam, daß sie von Erwachsenen für den schulischen Bereich geschaffen worden sind bzw. sich aus dem sprachlichen Lernfeld "Schule" ergeben. Sie fußen jedenfalls nicht auf dem tatsächlichen allgemeinen sprachlichen Verhalten von Kindern/Schülern zwischen dem 6. und 10. Lebensjahr. Sie beziehen sich zudem ausschließlich auf die schriftsprachlichen Fähigkeiten und Fertigkeiten.

1.2 Wortschätze - Spiegel kindlicher Sprache

Die zweite große Gruppe von Wortschätzen, die wir gesammelt haben, enthält nun ausschließlich Wortlisten, die das sprachliche Verhalten von Kindern dokumentieren. Dabei handelt es sich einerseits um Sprechsprachen-Korpora[5], andererseits um Schriftsprachen-Listen[6]. Sie sind beide entweder aus Tonbandaufnahmen (bei den sprechsprachlichen Daten) bzw. aus schriftlichen Leistungen erarbeitet worden. Aufgrund ihrer Erarbeitungsbasis können sie den Anspruch erheben, das Sprachverhalten von Kindern widerzuspiegeln. Allerdings ist hier zwischen solchen Erhebungsprinzipien zu unterscheiden, die <u>spontanes</u> Sprachverhalten durch die Aufnahmen freier Rede und freien schriftlichen Ausdrucks erarbeiten wollten, und solchen, die durch die Dokumentation thematisch gelenkter sprachlicher Äußerungen <u>gebundenes</u> Sprachverhalten erfaßt haben[7]. Die folgende Übersicht soll die Charakterisierung der Wortlisten schematisch zusammenfassen:

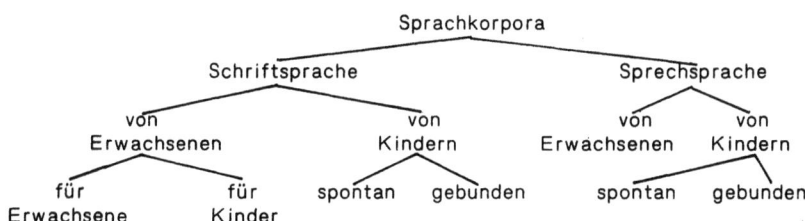

1.3 Voraussetzung der Analyse

Die hier zusammengestellten Wortlisten sind in hohem Grade unterschiedlich! Es kommt allerdings ein weiterer Gesichtspunkt hinzu, der die Vergleichbarkeit der Listen noch weiter erschwert: die uneinheitliche Quantifizierung des Wortmaterials. Die hier versammelten Listen sind ja, wie oben schon ausgeführt, auf methodisch verschiedene Weise gewonnen, so daß zwischen **empirischen** und **synthetischen** Listen[8] unterschieden werden muß. Unter empirisch erarbeiteten Wortlisten verstehen wir - ganz eng und spezifisch - genau diejenigen Wortschätze, die authentisches Sprachmaterial des Sprechens oder Schreibens von Kindern (oder auch von Erwachsenen) dokumentieren[9]. Allein die empirischen Listen können aufgrund ihrer Erarbeitungsmethode Aussagen über Quantitäten der aufgeführten Wortformen enthalten[10]. Es ist nur ein einziger Typ von Zahlenwert in diesen Wortlisten möglich, nämlich die Häufigkeit des Auftretens des gegebenen Elementes in dem ausgewerteten Text[11].

2. Möglichkeiten der quantitativen Analyse

Um das "sprachliche Profil des Grundschulkindes" erarbeiten zu können, muß vor der Zusammenstellung der in Frage kommenden sprachlichen Elemente zuerst geklärt werden, ob und ggf. in welchem Maße die gesammelten Wortlisten verläßliche Angaben zum kindlichen Sprachgebrauch sind. Diese Prüfung kann nur mit statistischen Verfahren durchgeführt werden. Dazu sind Häufigkeitsangaben selbstverständlich die unabdingbare Voraussetzung. Mit welchen statistischen Methoden Wortlisten hinsichtlich der Zufälligkeit bzw. Überzufälligkeit des enthaltenen Materials überprüft werden können, das soll anhand einiger Verfahren deutlich gemacht werden.

2.1 Die TYPE-TOKEN-RATIO

Die numerischen Angaben - falls der Verfasser der Wortliste sie angibt, anderenfalls ist eine solche Liste auf der jetzigen Beschreibungsstufe unbrauchbar - beziffern in absoluten Zahlen, wie oft ein gegebenes sprachliches Element in dieser spezifischen Form (beispielsweise als 1. Person Singular Präsens: spiele) im Text vorgekommen ist. Gezählt wird also die Auftretenshäufigkeit dieser bestimmten Wortform im untersuchten Text. Jede einzelne Verwendung dieser Wortform wird als **token** dieser Wortform bezeichnet.

Demgegenüber wird die Wortform in ihrer Eigenschaft als lexikalische (Vokabel-)Größe, als "Muster" für die einzelne, konkrete Verwendung im Text, als **type** bezeichnet. Die Gesamtzahl aller im Text vorkommenden Wortformen ist demzufolge die Menge aller tokens dieses Textes. Die Gesamtzahl aller verschiedenen Wortformen ist die Menge aller types dieses Textes. Aus diesen beiden Werten läßt sich ein Quotient bilden: Die Zahl der types geteilt durch die Zahl der tokens liefert die **type-token-ratio** (TTR). Dieser Wert gibt die lexikalische Varibilität eines Textes an und erlaubt, als eine gewisse Maßzahl, Aussagen über den Umfang der lexikalischen Kenntnisse des Textproduzenten[12]. Je mehr types ein Text enthält, bei gleicher oder fast gleicher Anzahl der tokens, umso höher ist der TTR-Wert als Indikator der lexikalischen Variation. Ein hoher TTR-Wert, das sei nebenbei bemerkt, ist zugleich ein Anzeichen für die möglicherweise geringe Verständlichkeit dieses Textes, da in lexikalischer Hinsicht eine geringe Redundanz gegeben ist. Wortwiederholungen ergeben ja höhere token-Werte und lassen die Anzahl der types unverändert.

Die Menge der types, die der einzelne Sprachbenutzer kennt, ist begrenzt; die Länge eines Textes aber unterliegt vorab keiner Beschränkung. Dadurch wird der Quotient types dividiert durch tokens sehr verschieden sein in Abhängigkeit von der Länge des Textes, also von der Anzahl der Wörter im Text. Um diese Verzerrung zu vermeiden, wird der jeweilige Text in gleich lange Teilfolgen laufender Wörter zerlegt und für jede dieser Teilfolgen wird die Zahl der enthaltenen verschiedenen Wörter gezählt, so daß sich eine Menge von TTR-Werten ergibt. Die Gleichförmigkeit der Länge der gewählten Textausschnitte garantiert die Vergleichbarkeit der Werte.

Im Falle unserer Wortlisten mit Häufigkeitsangaben können nur die Gesamthäufigkeiten als Menge der tokens festgestellt werden, die geforderte Gleichheit der Teilmengen mit fester Tokenlänge läßt sich nicht herstellen, da aus den vorhandenen Angaben die Ursprungstexte nicht rekonstruiert werden können. Daraus folgt, daß die TTR auf der Grundlage des gegebenen Zahlenmaterials nur mit Zurückhaltung interpretiert werden darf. Die TTR als Maßzahlen für die einzelnen Listen können in unserem speziellen Fall nicht ohne weiteres miteinander verglichen werden. Ja, es stellt sich die Frage, ob die TTR bei der vorliegenden Datenlage überhaupt eine sinnvolle Arbeitsgröße ist[13]. Die Bedeutung der TTR als statistisches Analyseergebnis ist für die Beurteilung des Wortschatzes in Texten unbestritten, vor allem in der verfeinerten Form mit token-Sequenzen fester Länge.

Aber auch bei den von uns gesammelten Listen ist eine einheitlichere Maßzahl, die die Vergleichbarkeit ermöglicht, gegeben: Es ist die logarithmische TTR[14]. Diese logarithmische TTR werden wir mit weiteren nunmehr darzustellenden Verfahren vergleichen, um dadurch auf zweierlei Weise zu versuchen, die Wortlisten ihrem Aussagewert nach zu beurteilen.

2.2 Mittelwert, Standardabweichung und Variations-Koeffizient

Die Beurteilung von Wortlisten mittels types und tokens legt zwei absolute Zahlen, die Summe der Vorkommnisse aller Elemente und die Summe der Vorkommnisse aller verschiedenen Elemente, zugrunde. Andere in der Statistik sehr bekannte Verfahren betrachten nun die Art und Weise, wie die einzelnen Elemente einer Stichprobe entsprechend ihrer Häufigkeit im Verhältnis zu den Häufigkeiten aller übrigen enthaltenen Elemente verteilt sind. Es werden **Mittelwert** und **Streuungsmaß** berechnet.

Als Mittelwert steht das arithmetische Mittel im Vordergrund, bei den Streuungsmaßen geht es vor allem um die Bestimmung der mittleren quadratischen Abweichung (Standardabweichung) oder um den Variations-Koeffizienten. Die Bestimmung von Mittelwerten und Streuungsmaßen gehören zusammen, da sie sich gegenseitig ergänzen und für die Interpretation der Beobachtungsergebnisse gemeinsam wichtig sind. Der Mittelwert einer Häufigkeitsverteilung nennt man den Kumulationspunkt für eine gegebene Häufigkeitsverteilung in den Beobachtungen, gibt aber keinen Hinweis auf die Art der Verteilung der Häufigkeiten zwischen den minimalen und maximalen Werten links und rechts vom arithmetischen Mittel. Erst der Streuungswert zeigt, in generalisierter Form, das Maß der Abweichung von diesem Mittelwert[15].

Das arithmetische Mittel und die Standardabweichung berücksichtigen die absoluten Distanzen zwischen den benachbarten Werten. Der Variations-Koeffizient dagegen gibt die relative Streuung der Häufigkeiten an. Gerade beim Vergleich von Beobachtungen und deren Häufigkeiten führen die Angaben in absoluten Distanzen zu falschen Interpretationen; die gegebene Analysebasis kann ja oft auch eine andere Skala der Verteilung aufweisen, wodurch die Vergleichbarkeit auf der Grundlage von absoluten Werten ohnehin nicht mehr erfolgen kann. Hier muß für jede der zu vergleichenden Verteilungen die relative Streuung von Standardabweichung im Verhältnis zum gegebenen arithmetischen Mittel errechnet werden. Dieser Variations-Koeffizient ($\sigma/\bar{x}$ oder als Prozentwert ($\sigma/\bar{x}$) . 100) ist dann der Ausgangspunkt des Vergleichs[16].

Aber auch diese Maßzahlen sind nicht geeignet, Beobachtungsreihen verschiedener Länge zu beurteilen. Mit der Schwankung von N als der Zahl der beobachteten Fälle (der tokens) wird jeder der hier angesprochenen statistischen Werte beeinflußt. Für linguistische Untersuchungen ist es eine grundlegende Erfahrung, daß es zum Prinzip von Sprache gerade gehört, in dieser Weise unterschiedlich zu sein[17]. Wie schon oben bei der Behandlung der TTR ausgeführt, so ist auch an dieser Stelle deutlich zu machen, daß die Sprache mit ihren endlichen Mitteln unendliche Möglichkeiten eröffnet. Bezogen auf den Wortschatz und die Verwendung lexikalischer Elemente in Texten folgt daraus, daß einige weniger Wörter mit der Länge des Textes immer häufiger werden, die Vielzahl anderer Wörter dagegen gleichbleibend selten vorkommt. Zugleich gilt, daß bereits verwendete Wörter in der Häufigkeit ihres Vorkommens schneller ansteigen als daß neue Wörter vorkommen. Mit der Textlänge wächst also keineswegs in entsprechender Weise die Anzahl der types, der neu verwendeten Wörter[18].

2.3 Die "Charakteristik" nach Yule/Herdan

Eine Maßzahl für die Art der Verteilung von types und tokens in einem Text, die von der Textlänge (fast völlig) unabhängig ist, liegt in der "Charakteristik" von Herdan nach Yule vor. Herdan setzt den Variations-Koeffizienten in Beziehung zu den types des Textes, genauer zu deren Quadratwurzel-Wert[19]. Der Betrag der Quadratwurzel aus den types wächst mit Zunahme der ein einziges Mal vorkommenden Elemente, so daß der entscheidende Gesichtspunkt einer token-unabhängigen Parameterbildung an dieser Stelle berücksichtigt ist. Um die Beziehung der Charakteristik zu den tokens deutlich zu machen, sei die Rolle der tokens in der Entwicklung der Formeln und Rechenvorgänge dargelegt.

Das arithmetische Mittel ($\bar{x}$) ist die Division aus tokens durch types. Die Varianz ist die Summe der Abweichungsquadrate (SAQ) geteilt durch die types, wobei die SAQ ihrerseits geschrieben werden kann als: $\Sigma (tokens_i * xi) - 2*\Sigma(tokens_i*\bar{x}) + (\Sigma types*\bar{x}^2)$[20]. Varianz und arithmetsiches Mittel stimmen in der Hinsicht überein, als sie beide die types im Nenner zeigen; ihre Werte wachsen folglich in Abhängigkeit von der Zunahme der tokens im Zähler. Die Tatsache, daß im Falle der Varianz auch die types im Zähler vorkommen, fällt nicht stark ins Gewicht, da die Zunahme von tokens und types nicht linear verläuft und das Produkt aus types und $\bar{x}^2$ im Vergleich zu den übrigen Produkten immer relativ klein bleibt.

Der Variationskoeffizient als die Division aus der Wurzel der Varianz geteilt durch das arithmetische Mittel ist nun selbst Zähler in der Division durch die Wurzel der types. Wir sehen jetzt klarer: Die Wurzel aus der Varianz mindert den Einfluß der tokens ebenso wie die Division durch das arith-

metische Mittel, bei dem ja die tokens durch die types dividiert werden.
Der Variationskoeffizient ist die Maßzahl, die die relative Streuung der Standardabweichung als Prozente des arithmetischen Mittels angibt. Die Charakteristik ist die relative Streuung des arithmetischen Mittels selbst. Mit der Charakteristik ist also ein Wert gegeben, der einen Vergleich zwischen den Frequenzverteilungen verschiedener Listen erlaubt.

3. Die quantitative Analyse einiger Listen

3.1 Beschreibung der zu untersuchenden Listen

In diesem Zusammenhang sollen die Werte von vier Listen aus dem "Dortmunder Korpus der Kindersprache" näher analysiert werden. Es handelt sich um Aufnahmen spontaner kindlicher Sprechsprache, also um empirische Datensammlungen im oben angesprochenen engen Sinn. Es sind immer kontinuierliche, lückenlose Aufnahmesequenzen, die ebenso lückenlose Kommunikations-Sequenzen abbilden. Diese Tonbandaufnahmen sind dann schriftlich fixiert worden (einschließlich auch der paralinguistischen Elemente) und waren dann Grundlage für die Erarbeitung des Wörterbuchs jeder der Sprachaufnahmen. Diese "idiolektalen" Wörterbücher enthalten die verwendeten Wortformen und sind nicht auf die Grundformen (beim Verb der Infinitiv, beim Substantiv der Nominativ Singuar etc.) zurückgeführt. Folgende vier Listen sollen hier näher betrachtet werden[21]:

1. BRINKMANN/LÜGGER 1975/1977,   105 Min., Vp = 5;4 Jahre (w)
2. HÄUSSERMANN/FREITAG 1975/1976, 247 Min., Vp = 8;7 Jahre (m)
3. OTTO/GROSSE-RUYKEN 1974/1974,   311 Min., Vp = 9;2 Jahre (m)
4. WAGNER 1972/1975, Tagesaufnahme: 804 Min., Vp = 9;7 Jahre (w)

3.2 Die Quantitäten

Tabelle 1:

x_i	Liste 1: Gabi 5;4 Jahre		Liste 2: Frederik 8;7 Jahre		Liste 3: Roman 9;2 Jahre		Liste 4: Teresa 9;7 Jahre	
	f_i	$f_i x_i$	f_i	$f_i x_i$	f_i	$f_i x_i$	f_i	$f_i x_i$
1	574	574	1012	1012	956	956	1557	1557
2	168	336	309	618	224	448	475	950
3	77	231	101	303	117	351	238	714
4	46	184	75	300	78	312	161	644
5	31	155	53	265	39	195	83	415
6	22	132	29	174	30	180	59	354
7	18	126	34	238	29	203	50	350
8	16	128	12	96	20	160	52	416
9	12	108	19	171	12	108	27	243
10	14	140	10	100	11	110	26	260
11	11	121	16	176	10	110	19	209
12	11	132	8	96	7	84	14	168
13	3	39	5	65	9	117	12	156
14	2	28	5	70	8	112	15	210
15	2	30	7	105	4	60	8	120
16	5	80	9	144	8	128	12	192
17	2	34	3	51	2	34	10	170
18	2	36	5	90	-	-	4	72
19	2	38	2	38	3	57	11	209
20	1	20	2	40	5	100	10	200
>20	7	157	10	235	11	242	31	715
>25	6	166	9	257	12	345	18	508
>30	10	344	12	377	15	520	30	1056
>40	29	2025	17	1041	39	2686	59	3805
>100	2	503	3	515	9	1604	40	10382
Summe:	1073	5867	1768	6677	1659	9249	3022	24075

Legende: x_i = Häufigkeitsklasse; f_i = types; $f_i x_i$ = tokens

Tabelle 2

	Liste 1 (5;4)	Liste 2 (8;7)	Liste 3 (9;2)	Liste 4 (9;7)
tokens:	5876	6677	9249	24075
types:	1073 (100%)	1768 (100%)	1659 (100%)	3022 (100%)
Hapaxlegomena:	574 (53,49%)	1012 (57,24%)	956 (57,63%)	1557 (51,52%)
TTR:	0,18	0,26	0,18	0,13
log. TTR:	0,80	0,85	0,81	0,79
arithm. Mittel:	5,47	3,78	5,58	7,97
Varianz:	294,04	108,32	338,38	1484,03
Stand-Abw.:	17,15	10,41	18,40	38,52
Var.-Koeff.:	3,14	2,76	3,30	4,83
Charakteristik:	0,0959	0,0656	0,0810	0,0879

3.3 Interpretation der Daten

3.3.1 Die Häufigkeiten: types und tokens

Die Zahlen für die einzelnen Listen machen beim ersten Blick schon deutlich, daß die Mehrzahl der types eben nur selten auftritt (x_i zwischen ein und zehn Mal), und daß andererseits nur wenige Wortformen sehr oft vorkommen (x_i mehr als zwanzig Mal). Gerade diese Formen aber machen die hohen Häufigkeiten bei den tokens aus. Wenn wir an dieser Stelle auch nicht auf einzelne Wortformen eingehen können, so sei doch kurz vermerkt, daß es sich bei den in diesen Listen oft vorkommenden Wortformen immer um die gleichen Elemente handelt, so insbesondere um: die Personalpronomia ich und du, die Artikelformen bzw. Pronomina das, der und die, die Assertionsformen ja und nicht, die Gradpartikeln so und aber, die Deiktika hier, da und jetzt, die Konjunktion und sowie schließlich die Verbformen is(t) und hat. Der Unterschied zwischen den einmal vorkommenden Wortformen (Hapaxlegomena) und den zwei mal vorkommenden ist in jeder Liste erheblich. Das läßt auf eine hohe lexikalische Variabilität - vor allem aufgrund von Themenwechseln - schließen und auf eine geringe Redundanz im Reden. Das könnte durch die starke situative Bindung des Sprechens bedingt sein, eine Erklärung, die durch die sehr häufige Verwendung (tokens) deiktischer und demonstrativer Wortformen gestützt wird. Die thematische Variabilität als eine Begründung für die hohe Anzahl von Hapaxlegomena in allen vier Listen ins Auge zu fassen, führt auch dazu, diese Eigenschaft der gesprochenen Sprache allgemein als Charakteristikum zuzuschreiben.

Bei der ausschließlichen Betrachtung der types und tokens bestätigen sich die Ausführungen von oben: Der Zuwachs an types ist von dem der tokens nicht erkennbar abhängig. Auffällig ist in diesem Zusammenhang, daß die Zahl der tokens der Liste 3 durchaus höher ist als die der Liste 2, infolge der längeren Aufnahmezeit im Fall der Liste 3, daß aber damit keineswegs eine höhere Anzahl der types gegeben ist. Die Liste 2 enthält 109 types mehr, aber 2617 tokens weniger. Wenn man den Anteil der Hapaxlegomena an den types betrachtet, so liegen beide Listen bei etwas über 57 % an einmal gebrauchten Wortformen gegenüber den types. Damit ist das kommunikative Verhalten durchaus vergleichbar.

Die erste Liste ist die kürzeste der hier verglichenen Korpora, sowohl hinsichtlich der tokens wie auch der types und der Hapaxlegomena. Aber auch hier ist der Anteil der einmal vorkommenden Wortformen an der Zahl der types mit ca. 53 % vergleichbar hoch.

Diese Vergleichbarkeit zeigt mit 51,52 % auch die vierte Liste, die als Tagesaufnahme naturgemäß die höchsten Werte bei den hier besonders betrachteten Parametern tokens und types aufweist. Da die Prozentsätze der Hapaxlegomena an den types aber mit der steigenden Zahl von tokens sinken, ist zu fragen, ob nicht ein Zusammenhang zwischen diesen beiden Werten besteht — wenn auch die Zahl der tokens in die Berechnungen selbst primär nicht eingeht.

Die type-token-ratio (TTR) variiert stark mit der Zahl der tokens und fällt daher zur statistischen Beschreibung der Listen aus. Die logarithmische TTR dagegen zeigt sich relativ unbeeinflußt von dem Zuwachs der tokens; sie spiegelt vielmehr den Anteil der types an den tokens, ohne den Schwankungen der tokens in dem ausgeprägten Maß zu unterliegen, und kann daher durchaus als eine der Maßzahlen für die lexikalische Kreativität (also für den Anteil der Wortformen mit x_i kleiner oder gleich 5) angesetzt werden. Wie zu erwarten, ist der Wert dort am höchsten, wo der höchste Anteil an types gegeben ist — eben in Liste 2. Für diese Liste läßt sich am arithmetischen Mittel ablesen, daß ein sehr hoher Anteil an Elementen mit den Häufigkeitsklassen < 5 enthalten sein muß. Diese Tendenz in der Verteilung der types ent-

spricht auch dem hohen Prozentsatz der Hapaxlegomena an den types
(57,24 %).

3.3.2 Die Maßzahlen logarithmische TTR, arithmetisches Mittel und Standardabweichung

Aus der Übersicht läßt sich aufgrund der sehr eng beieinander liegenden Werte der log. TTR auch vermuten, daß die erste und dritte Liste in statistischer Hinsicht enger zusammengehören könnten. Parallel dazu liegen auch die Werte des arithmetischen Mittels dichter zusammen. Die minimal höhere log. TTR der dritten Liste deutet auf eine minimal höhere Anzahl von types im Verhältnis zu den tokens in diesem Korpus hin, dieses Verhältnis ist aber nicht gravierend verschieden. Auch die Verteilung der types in den beiden Listen ist mit dem Schwerpunkt der Werte von x_i bei < 5 im wesentlichen äquivalent. Aber der Anteil von Hapaxlegomena an den types insgesamt ist mit 53,49 % für die erste Liste gegenüber 57,63 % für die dritte deutlicher verschieden. Die beiden Maße der Standardabweichung spiegeln, bei dem höheren Wert der dritten Liste, die größere Zahl der tokens in diesem Korpus wider, und damit auch das höhere Gewicht der wenigen aber sehr oft vorkommenden Wortformen. Der Variations-Koeffizient stützt diese Interpretation noch und macht seinerseits deutlich, daß die Standardabweichung mit Richtung auf die Werte von $x_i > 10$ streut.

3.3.3 Die statistische Bedeutung der Charakteristik

Die Charakteristik zeigt nun ähnliche Tendenzen in der Verschiebung der Werte. Für Liste 2 zeigt die Übersicht den **geringsten** Wert. Da diese Maßzahl das Ergebnis aus der Division des Variations-Koeffizienten durch die Wurzel aus den types ist, geht hier sowohl die Anzahl der types wie auch die Art der Verteilung der Frequenzen in den Wert ein. Die Verteilung liegt ihrem Hauptgewicht nach bei < 3 und die Wurzel aus den types ist eher groß, so daß die Charakteristik einen eher kleinen Wert annehmen muß. Damit spiegelt sie aber, daß das Schwergewicht der Verteilung in der Nähe der Hapaxlegomena liegt; die Charakteristik ist also eine Maßzahl für die lexikalische Varianz in Bezug zur Größe der types und nicht zu der der tokens. Diese (gewünschte) Abhängigkeit läßt sich auch bei den beiden anderen Listen nachvollziehen. Das hohe Maß an Übereinstimmung, das zwischen der ersten und dritten Liste hinsichtlich logarithmischer TTR und arithmetischem Mittel festzustellen war, aber schon weniger bei dem Prozentanteil der Hapaxlegomena an den types, trifft auf die Charakteristik nun gar nicht mehr zu. Der deutliche Unterschied von 0,0959 bei Liste 1 gegenüber 0,0810 bei Liste 3 liegt an der Größe der types, die im Falle der Liste 3 wesentlich höher ist. Damit können wir vorsichtig die Charakteristik als einen Maßstab für die Repräsentanz der types unabhängig von der Zahl der tokens ansetzen. Die Interpretation dieser Maßzahl sollte aber immer auch auf andere statistische Werte Bezug nehmen.

Um die bisherige Bewertung der Charakteristik nach Herdan weiter zu stützen, soll die vierte Liste näher ins Auge gefaßt werden. Wir haben oben bereits auf das Verhältnis von einmal gebrauchten Wortformen und den types insgesamt hingewiesen, das in diesem Korpus am niedrigsten ist. Da es sich bei diesem Korpus ja, wie erwähnt, um eine Tagesaufnahme handelt, ist die Zahl der tokens am größten, wie auch die der types. Entscheidender aber sind die Werte für die logarithmische TTR und das arithmetische Mittel. Die log. TTR zeigt sich auch hier recht unabhängig von dem überproportionalen Zuwachs der Zahl der tokens. Das arithmetische Mittel macht dann aber die Verschiebung des Schwergewichts bei steigender token-Zahl in Richtung auf die Wertebereiche von $x_i > 20$ deutlich - eine Verschiebung, die dann auch am Variations-Koeffizienten von 4,83 abgelesen werden kann, der, verglichen mit den drei anderen Listen, erheblich höher ist. Die Charakteristik nun liegt mit einem Wert von 0,0879 nicht etwa ganz außerhalb der übrigen drei Listenwerte (wie ja in Anbetracht der anderen statistischen Werte zu erwarten gewesen wäre), sondern zwischen den Charakteristiken der ersten und der dritten Liste. Daraus können wir folgern, daß die Anzahl der types ausschlaggebend war: Die lexikalische Variabilität dieses Korpus ist demnach höher als in der ersten Sprachaufnahme und niedriger als in der dritten.

3.4. Interpretation weiterer Korpora

Die bislang besprochenen vier Listen zeichnen sich besonders deutlich dadurch aus, daß sie als Sprechsprachen-Listen aus den Tonbandaufnahmen originärer mündlicher Kommunikation von Kindern gewonnen worden sind. Als Parallele seien hier nun noch andeutungsweise drei andere Listen herangezogen, um

auch die Schwierigkeiten anzusprechen, die sich bei der Bearbeitung von Sprachkorpora zum augenblicklichen Zeitpunkt stellen.
Es sollen folgende drei Listen untersucht werden:
5. SCHLAG 1921; zwei Mädchen im Alter von 6;0 Jahren;
6. WÄNGLER, "Rangwörterbuch hochdeutscher Umgangssprache" (1963);
7. WÄNGLER: Sprechsprache/Schriftsprache Erwachsener.

Tabelle 3

	SCHLAG Liste 5 (6;0)	WÄNGLER (Sprechsprache) Liste 6	(Schriftsprache) Liste 7
tokens:	26548	66373	53285
types:	2665 (100 %)	970	954
Hapaxlegomena:	1323 (49,64 %)	30	22
TTR:	0,10	0,01	0,02
log. TTR:	0,77	0,62	0,63
arithm. Mittel:	9,96	68,43	55,85
Varianz:	2606,19	43258,44	38634,08
Stand.-Abw.:	51,05	207,99	196,56
Var.-Koeff.:	5,12	3,04	3,52
Charakteristik:	0,0992	0,0976	0,1139

Die Liste SCHLAG faßt zwei Sprechsprachen-Korpora zusammen; entsprechend sind hier die tokens deutlich höher als bei den anderen vier Listen, die types allerdings liegen deutlich niedriger als in der Liste 4, die aufgrund der token-Zahl am ehesten zum Vergleich herangezogen werden muß. Das Verhältnis der Hapaxlegomena zu den types ist mit 49,64 % am niedrigsten, liegt aber immer noch bei 50 %. Diese Verteilung von tokens, types und Hapaxlegomena läßt erwarten, daß sich das Gewicht der Wortformen mit $x_i > 20$ bei den anderen Maßzahlen auswirken wird. Arithmetisches Mittel, Varianz und Standardabweichung belegen die Verschiebung in Richtung auf diese Werte. Der Variations-Koeffizient zeigt an, daß das arithmetische Mittel immer noch näher bei den Hapaxlegomena liegt und daher im Verhältnis zu den Werten x_i > 20 stärker streut. Dieses Spannungsverhältnis zwischen den Werten von x_i < 10 und > 20, das sich in den relativ hohen Werten von sowohl Mittelwert als auch Variations-Koeffizient zeigt, wird dann auch im Maße der Charakteristik deutlich. Der Wert 0,0992 ist zwar der höchste Wert im Vergleich zu den bisher besprochenen vier Listen, bleibt aber in Relation dazu interpretierbar: Im Zusammenspiel mit dem Mittelwert und dem dadurch gegebenen Gipfel bei x_i < 10 und dem relativ hohen Maß der Standardabweichung und des Variations-Koeffizienten ist dieser Wert der Charakteristik ein Indikator für eine geringere lexikalische Varianz.

Die verschiedenen Maßzahlen belegen die Nähe des Korpus SCHLAG zum Korpus BRINKMANN/LÜGGER, bei diesem ist die lexikalische Varianz aber höher. Diese Interpretation stützt sich nicht auf die Betrachtung der Charakteristik allein (ein niedriger Wert in der Liste 1 gegenüber dem in Liste 5), sondern bezieht die rechnerische Herleitung dieses Wertes über Mittelwert und Standardabweichung ebenso in die Beurteilung ein wie die anderen wesentlichen statistischen Maßzahlen, die das Gewicht der types und der Hapaxlegomena im Verhältnis zu den tokens verdeutlichen - insbesondere logarithmische TTR und das Verhältnis der einmal vorkommenden Wortformen zu den types. Alle diese Werte sind in ihrer jeweiligen Unterschiedlichkeit und in ihrem internen Zusammenhang bei Liste 1 und Liste 5 übereinstimmend.

Die beiden verbleibenden Listen fallen nun völlig aus dem bisherigen Rahmen der statistischen Maßzahlen heraus. Die Korpora von WÄNGLER sind aus umfangreichen Sprachaufnahmen mündlicher und schriftlicher Kommunikation Erwachsener gewonnen; sie sind nicht mehr Spiegel individuellen Sprachverhaltens, sondern fassen zahlreiche Datenerhebungen zusammen. Entsprechend hoch sind die Werte der tokens. Die Zahl der types ist mit 970 bzw. 954 allerdings so gering, daß sie nicht als diejenigen gelten können, die sich aus den tokens und damit aus den Sprachkorpora ergeben. Vielmehr ist zu vermuten, daß es sich bei den types um eine Auswahl handelt, ohne daß klar wäre, nach welchen Kriterien ausgewählt worden ist. Die Zahl der Hapaxlegomena ist aus statistischer Sicht mit 30 bzw. 22 Elementen entsprechend unwahrscheinlich. Der Mittelwert gibt den Gipfel der Verteilung, wie zu erwarten, weit entfernt von den Werten < 10 an, und trotzdem ist die Standardabweichung noch außerordentlich hoch. Der Variations-Koeffizient als Quotient aus Standardabweichung und arithmetischem Mittel fällt, bei der Höhe beider Werte, entsprechend gering aus. Die Charakteristik, die die types ins Verhältnis setzt zum Variations-Koeffizienten ist demzufolge hoch, da ja die Wurzel aus den types, deren Wert im Nenner auftritt, bei der Zahl der types in diesen beiden Listen klein ist. So sind die Werte der Charakteristik bei den Listen von WÄNGLER vergleichbar, sie sind es aber keineswegs hinsichtlich der übrigen hier vorgestellten 5 Listen.

4. Zusammenfassung

Es ist deutlich geworden, daß die statistische Interpretation von aus Sprachaufnahmen gewonnenen Wort(formen)listen eine sinnvolle, notwendige und ertragreiche Analyse darstellt. Es ist allerdings dabei zu beachten, daß die einzelnen statistischen Werte ganz unterschiedliches Gewicht besitzen. Vor allem muß die differenzierte Interpretation das komplexe Zusammenspiel der Maßzahlen in ihrer gegenseitigen Abhängigkeit entsprechend berücksichtigen. Die Vergleichbarkeit von Listen und ihrer statistischen Werte ist, wie sich gezeigt hat, nicht ohne weiteres gegeben. Die einzelnen Zahlenwerte signalisieren allerdings, wenn auch unterschiedlich deutlich, die Verläßlichkeit der Aufnahme hinsichtlich Repräsentanz und Abbildungstreue für sprachliches Verhalten.

Die oben gegebenen Werte machen auch deutlich, daß Sprachdaten aus statistischer Sicht "abweichend" sind: Tokens und types und ihre Häufigkeit gehen ein nicht ganz einfach zu erklärendes Verhältnis ein, das aber aus dem Sprachverhalten, aus Sprache folgt. Die eindeutige Linksschiefe[23] der hier besprochenen Korpora bzw. Wortformenlisten 1 bis 5, deren Gipfel übereinstimmend bei < 10 lag, ist charakteristisch für Wortlisten und führt konsequent zu einer gewissen Skepsis gegenüber den beiden Listen von WÄNGLER. Auch die Übereinstimmung in den Wertebereichen der statistischen Maßzahlen und insbesondere auch in der Konformität der Differenzen zwischen diesen fünf Listen macht sie untereinander vergleichbar und qualifiziert sie zugleich als "Präzedenzfälle" weiterer statistischer Analysen.

Diese fünf Korpora bzw. Wortformenlisten haben dadurch auch in der Weise Vorbildcharakter, als das in ihnen enthaltene Wortmaterial, jenseits der grundlegenden quantitativen Analysen, qualitativ zu einem gewissen Maßstab für diejenigen Wortschatzsammlungen wird, die keine Quantitäten enthalten und sich damit ja der statistischen Analyse entziehen. Die statistischen Verfahren haben die Validität bestimmter Wortlisten nahe gelegt, so daß eine inhaltliche Grundlage für das Arbeitsziel geschaffen worden ist, nämlich die Erarbeitung des "sprachlichen Profils des Grundschulkindes".

Anmerkungen

1) Z.B.: Pollert/Sennlaub (1983); Lehrerband zum CVK-Sprachbuch (1979); Lauster (1974); Niedersteberg (1983)
2) Z.B.: Mayer (1963); Rathenow/Raatz (1981); Schultze (1956)
3) Wir wollen hier nicht darauf eingehen, daß der Begriff "Grundwortschatz", falls er für diese Wortlisten verwendet wird, nicht adäquat ist. Als einschlägig wären hier beispielsweise zu nennen: Berliner Grundwortschatz (1981); Hessischer Grundwortschatz (1983); Heyer u.a. (1971)
4) Z.B.: Menzel (1984)
5) Augst (1984); drei Wortlisten aus dem "Dortmunder Korpus der Kindersprache": Häussermann/Freitag (1975/77); Otto/Große-Ruyken (1974); Wagner /1974/75)
6) Insbesondere Pregel/Rickheit (1966-69); aber auch Balhorn (1979 und 1984, ²1985); Oomen (1980)
7) Die erfaßten Wortlisten sind detaillierter beschrieben in Hesse/Wagner (1985), S. 18-39
8) vgl. Wagner (1974), S. 272-278
9) Diese sehr enge Eingrenzung ist notwendig, um etwa die Wortliste von Martin Mayer (1963) ausgrenzen zu können. Mayer untersucht in dieser Arbeit mit durchaus empirischen Methoden Fibelwortschätze, um deren Begrenztheit auch statistisch nachzuweisen, aber er erarbeitet damit nicht einen **authentischen** (kindlichen) Wortschatz, auf den es in unserer Untersuchung besonders ankommen soll. Vielleicht wäre es besser, begrifflich zwischen "authentisch-kommunikativ" und "artifiziell" zu unterscheiden; diese Begrifflichkeit ist jedoch weder eingeführt noch knapp genug, um wirklich brauchbar zu sein. Auch die jüngeren Arbeiten zur Fehleranalyse der Rechtschreibung sollen durch dieses Verständnis von empirisch ausgegrenzt werden. Vgl. hierzu die Literaturliste in Menzel (1985).
10) Sie können solche Informationen über das einzelne Wort enthalten, aber oft genug fehlen solche Angaben auch, wodurch der empirische Wert dieser Arbeiten sicher geschmälert wird.
11) Es gibt - beim Vergleich mehrerer Listen untereinander - noch Angaben, die die Häufigkeit des Auftretens des jeweiligen Elementes in dieser "Liste der Listen" bezeichnet. Diese Häufigkeiten sind sekundär und vorab nicht aussagekräftig!
12) Die Berechnung der TTR war, im Zusammenspiel mit anderen (vor allem syntaktischen) Kriterien, ein Beleg für die Charakterisierung einer Sprachprobe als "restringiert" oder "elaboriert" in soziolinguistischen Untersuchungen. Vgl. dazu etwa: U. Oevermann (1972, ³1973, S. 148-171; N. Dittmar (1973), S. 134-139 (zusammenfassend); Kritik an dieser Interpretation der lexikalischen Varianz bei N. Dittmar, auch bei E. Neuland (1975), S. 25ff. Lesenswert sind die Ausführungen zum Zusammenhang von TTR und Intelligenz bei Hörmann (1970), S. 93-95.
13) Vgl. dazu in diesem Band die Arbeit von E. Schach, die genau dieses Problem der TTR bei unterschiedlich langen Listen untersucht.
14) Vgl. dazu G. Herdan (1960), S. 26ff.
15) Die Standardabweichung (σ) in einer Häufigkeitsverteilung wird folgendermaßen berechnet: Das arithmetische Mittel ($\bar{x}$) der Verteilung (das ist die Summe aller beobachteten Häufigkeiten ($\Sigma f_i x_i$) dividiert durch die Zahl der Beobachtungen (Σf_i)) wird von jeder einzelnen Häufigkeit (x_i) subtrahiert, das Ergebnis wird quadriert (($x_i - \bar{x})^2$) und wiederum summiert ($\Sigma (x_i - \bar{x})^2$);

das Ergebnis wird durch die Zahl der Beobachtungen dividiert und daraus die Quadratwurzel berechnet.
Bei klassifizierten Häufigkeiten, wenn also die Häufigkeiten geordnet und zu Häufigkeitsklassen zusammengefaßt worden sind, wird die quadrierte Differenz $(x_i - \bar{x})^2$ noch mit der Anzahl der in der jeweiligen Klasse enthaltenen Beobachtungen (f_i) multipliziert:

$$\sigma = \sqrt{\frac{\sum (f_i \cdot (x_i - \bar{x})^2)}{\sum f_i}}$$

16) In seiner Statistik für Linguisten gibt P. Nikitopoulos ein deutliches Beispiel für die Bedeutung des Variations-Koeffizienten: Gegeben seien eine Gruppe von 50 Studenten und deren Ergebnisse in zwei Klausuren mit unterschiedlicher maximaler Gesamtpunktzahl (100 gegenüber 500 Punkten). Die jeweiligen Ergebnisse seien $\bar{x}_1$ = 65,1 und σ_1 = 16,78 gegenüber $\bar{x}_2$ = 200 und σ_2 = 22,5. Die Streuung im zweiten Fall (mit der maximalen Punktzahl von 500) ist absolut gesehen höher. "Ein Vergleich der Variabilität der zwei Ergebnisse ist, wie man hier sieht, nur sinnvoll unter Bezugnahme auf die arithmetischen Mittel, von welchen die Abweichungen gemessen werden." Der Variations-Koeffizient (v) beträgt für die erste Klausur v_1 = 0,2880 oder 28,80 % gegenüber dem für die zweite Klausur v_2 = 0,1125 oder 11,25 %; die relative Streuung in der zweiten Klausur liegt also deutlich niedriger." (P. Nikitopoulos (1973), S. 56). Anhand des gegebenen Beispiels wird eine wesentliche Bedingung deutlich: die feste Anzahl der Beobachtungsobjekte! In unserem Fall hier eben die 50 Studenten.

17) Es ist dies genau jener Tatbestand, der mit den Begriffen ergon und energeia seit W.v. Humboldt charakterisiert wird.

18) "If in 3000 word occurrences taken at random the most frequent word occurs 100 times, then in 10,000 occurrences, say, taken at random from the same work it will probably occur more often than 300 times." (G. Herdan, The Advanced Theory of Language as Choice and Chance, a.a.O., S. 94) Der genaue Zusammenhang zwischen dem Wachstum der types und dem Wachstum der tokens ist m.W. noch nicht bekannt.

19) Die Formel lautet:

$$v_m = \frac{v_x}{\sqrt{\sum f_i}}$$

20) In mathematischer Schreibweise vgl. oben, Anm. 15. Der Zähler in der angegebenen Formel läßt sich wie folgt ausbuchstabieren:
$$\sum [(f_i x_i) \cdot x_i] - 2 \sum f_i x_i \bar{x} + \sum f_i \bar{x}^2.$$

21) Wir nennen zuerst den Namen des Aufnahmeleiters, der auch der Ersteller des Korpus ist, dann den Verfasser des Wörterbuches mit den (beiden) Daten für die jeweilige Erstellung, danach die Dauer der Aufnahmesequenz und schließlich das Alter der Versuchsperson und ihr Geschlecht.

22) Hapaxlegomenon: nur einmal belegtes Wort

23) Das Maß der Schiefe beschreibt den Grad der Abweichung einer Verteilung von der Symmetrieachse. 'Linksschief' bedeutet, daß der Kumulationspunkt der Häufigkeiten/ihr größter Konzentrationspunkt links vom Mittelwert liegt.

Bibliographie

Augst, Gerhart (1984), Kinderwort. Der aktive Kinderwortschatz (kurz vor der Einschulung) nach Sachgebieten geordnet mit einem alphabetischen Register, Frankfurt/Bern/New York/Nancy

Balhorn, Heiko / Harries, Brigitte (1979), Wortlistentrainingsprogramm, Hamburg

Balhorn, Heiko / Seifert, Heide / Weise, Harm (1984, ²1985), Grundwortschatz, Hamburg

Bartnitzky, Horst / Christiani, Reinhold (Hgg) (1983), Grundwortschätze (Materialband). Grundlegende Aufsätze, Klassenwortschätze, Amtliche Grundwortschätze, mit Beiträgen von: Heiko Balhorn, Wolfgang Menzel, Gudrun Spitta und Bernhard Weisgerber, Bielefeld

Berliner Grundwortschatz (1981), veröff. in: Bartnitzky, Horst / Christiani, Reinhold (Hgg.) (1983), S. 83-88

Brinkmann, Marion (1975), Kommentierte Transkription einer kontinuierlichen Sequenz der spontanen Sprechsprache einer Fünfjährigen. Beitrag zur Aufstellung eines idiolektalen Sprechsprachenkorpus. Unveröffentlichte Examensarbeit. Dortmund

Dittmar, Norbert (1973), Soziolinguistik. Exemplarische und kritsche Darstellung ihrer Theorie, Empirie und Anwendung - mit kommentierter Bibliographie, (FAT 2013), Frankfurt

Freitag, Monika (1977), Empirische Untersuchung zum Wortschatz der spontanen Sprechsprache eines Achtjährigen. Unveröffentlichte Examensarbeit. Dortmund

Große-Ruyken, Gisela (1974), Empirische Untersuchung zur spontanen Sprechsprache eines Neunjährigen. Unveröffentlichte Examensarbeit. Dortmund

Häussermann, Irmgard (1975), Kommentierte Transkription einer kontinuierlichen Sequenz der spontanen Sprechsprache eines Achtjährigen. Beitrag zur Aufstellung eines idiolektalen Sprechsprachenkorpus. Unveröffentlichte Examensarbeit. Dortmund

Herdan, Gustav (1960), Type - Token - Mathematics. A Textbook of Mathematical Linguistics. (Janua Linguarum, Series Maior, IV) 'S-Gravenhage

-,- (1966), The Advanced Theory of Language as Choice and Chance. (Kommunikation und Kybernetik in Einzeldarstellungen, Bd. 4) Berlin/Heidelberg/New York

Hesse, Harlinde / Wagner, Klaus R. (1985), Der Grundwortschatz der Primarstufe. Dorsten

Hessischer Grundwortschatz (1983), veröff. in: Bartnitzky, Horst / Christiani, Reinhold (Hgg.) (1983), S. 91-96

Heyer, Peter (1971), Leselehrgang des pädagogischen Zentrums. Weinheim, S. 13-17

Hörmann, Hans (1970), Psychologie der Sprache. Verbesserter Neudruck, Berlin/Heidelberg/New York

Lauster, Ursula (1975), Rechtschreibspiele 2, Reutlingen

Lehrerband zum CVK-Sprachbuch (1979), CVK-Leselehrgang (2., 3., 4. Schuljahr), Berlin, S. 24-32

Mayer, Martin (1963), Bekannte und neue Fibeln. Eine kritische Untersuchung. In: Welt der Schule, S. 166-175 und 212-217

Menzel, Wolfgang (1984), Fehlerforschung. Die am häufigsten falsch geschriebenen Lexeme/Morpheme/Wortformen/Wortverbindungen (unveröffentlicht)

-,- (1985), Rechtschreibfehler, Rechtschreibübungen. Themenheft Praxis Deutsch, Heft 69

Naegele, Ingrid M. u.a. (Hgg.) (1981), Lese- und Rechtschreibschwierigkeiten. Orientierungen und Hilfen für die Arbeit mit Grundschülern (Beiträge zur Reform der Grundschule, Band 46/47, Frankfurt

Neuland, Eva (1975), Sprachbarrieren oder Klassensprachen? Untersuchungen zum Sprachverhalten im Vorschulalter (Texte zur politischen Theorie und Praxis), Frankfurt

Niedersteberg, Ingrid (1983), Aufbau eines Grundwortschatzes, Klasse 1 und 2, Bielefeld

Nikitopoulos, Pantelis (1973), Statistik für Linguisten. Eine methodische Darstellung. 1. Teil (Institut für Deutsche Sprache, Forschungsberichte, Band 13), Mannheim

Oevermann, Ulrich (1972), Sprache und soziale Herkunft. Ein Beitrag zur Analyse schichtenspezifischer Sozialisationsprozesse und ihrer Bedeutung für den Schulerfolg, Frankfurt (^{3} 1983)

Oomen, Ingelore (1980), Grundwortschatz für Ausländerkinder. In: Deutsch als Zweitsprache, S. 37-39

Otto, Helmut (1974), Kommentierte Transkription einer kontinuierlichen Sequenz der spontanen Sprechsprache eines Neunjährigen. Beitrag zur Aufstellung eines idiolektalen Sprechsprachenkorpus. Unveröffentlichte Examensarbeit. Dortmund

Pollert, Manfred / Sennlaub, Gerhard (1983), Lehrerheft zum Rechtschreiblehrgang CVK, Berlin (wieder abgedruckt in: Sennlaub, Gerhard (1983), S. 52-137

Pregel, Dietrich / Rickheit, Gert (1985), Der Wortschatz in der Grundschule, Hildesheim **(erscheint demnächst)**

Rathenow, Peter / Raatz, U. (1981), Minimalwortschatz Rechtschreiben Klasse 1. In: Naegele, Ingrid M. u.a. (Hgg.) (1981), S. 149

Schlag, Johannes (1921), Häufigkeitsproben aus dem Sprachschatz von sechs- und achtjährigen Kindern. In: Pädagogisch-Psychologische Arbeiten aus dem Institut des Leipziger Lehrervereins, Band 11, Leipzig, S. 1-67

Schultze, Walter (1956), Der Wortschatz in der Grundschule. Eine Zusammenschau aufgrund einer kritischen Analyse, Stuttgart

Sennlaub, Gerhard (1983), So wird's gemacht. Grundwortschatz, Auswahl und Arbeit. Lesebuch für den Grundschullehrer, Heinsberg

Wängler, Hans-Heinrich (1963), Rangwörterbuch hochdeutscher Umgangssprache, Marburg

Wagner, Klaus R. (1974), Die Sprechsprache des Kindes. Teil 1: Theorie und Analyse, Düsseldorf

-,- (1975), Die Sprechsprache des Kindes, Teil 2: Korpus und Lexikon, Düsseldorf

Elisabeth Schach

EMPIRISCHE EIGENSCHAFTEN DER TTR BEI AUSGEWÄHLTEN TEXTEN

Einleitung

Die Type-Token-Ratio (TTR) ist eines aus einer Reihe von quantitativen Maßen zur Charakterisierung der sprachlichen Vielfalt eines Textes oder einer Textgattung (Holmes, 1985; Schach, 1987). Sie ist definiert als Quotient aus der Anzahl der verschiedenen Wörter oder der verschiedenen lexikalischen Einheiten eines Textes und der Gesamtwörterzahl dieses Textes. Im folgenden gilt: TTR = Anzahl verschiedener Wörter (Types) / Gesamtwörterzahl (Tokens). Die kumulative TTR, das heißt den Gesamttext schrittweise sequentiell berücksichtigend, ist zu Beginn eines Textes (bei kleiner Schrittbreite) gleich 1 und sinkt mit zunehmender Gesamtwörterzahl ab, wobei der Abfall mit zunehmender Textlänge zunehmend schwächere Steigungen aufweist. Bei kumulativer Betrachtungsweise ist das deshalb der Fall, weil zum Beginn des Textes relativ mehr neue Wörter zum bereits vorhandenen Text hinzukommen als in späteren Textabschnitten, in denen nur noch wenige Wörter nicht bereits von vorher bekannt sind. Da das Niveau der kumulativen TTR-Kurve und die Gestalt (des Abfalls) der Kurve sich für unterschiedliche Texte unterscheiden, betrachtet man die TTR als textartunterscheidendes Charakteristikum. Die vorliegende Arbeit beschäftigt sich vorwiegend mit dem Niveau der TTR bei unterschiedlichen Texten.

Wegen der Abhängigkeit der TTR von der betrachteten Gesamtwörterzahl (Holmes, 1985) werden im folgenden TTR-Werte nur für Textabschnitte gleicher Wörterlänge verglichen. Dabei werden folgende Aspekte der TTR untersucht:

. TTR für Texte geschriebener und gesprochener Sprache,
. TTR für unterschiedliche Textausschnitte,
. mittlere TTR bei unterschiedlichen Tokenzahlen.

Datenmaterial, -verarbeitung und Methoden

Das hier verwandte Datenmaterial stammt aus verschiedenen Quellen, und zwar aus Aufnahmen spontaner Kindersprechsprache (s. hierzu Wagner, Altmann, Köhler, 1987; in diesem Band), den ersten 2 000 Wörtern des Buches 'Die unendliche Geschichte' (kurz: Unendliche Geschichte) von Michael Ende, den ersten 2 000 Wörtern des Buches 'Ich pfeife auf den Gurkenkönig' (kurz: Gurkenkönig) von Christine Nöstlinger und dem Gesamttext des Chemieunterrichtstextes von Bonsach et al. (1983) (kurz: Chemiebuch).

Alle Texte wurden langschriftlich in Dateien aufgenommen und mit Hilfe eines SAS-Programmes analysiert (1). Ausgewertet wurden Wörter in der Originalform ohne Satzzeichen. Bei den Texten der spontanen Kindersprechsprache wurden paralinguistische Ausdrücke als Teil des Textes betrachtet und daher in die Analyse miteinbezogen.

Für die Texte wurde die TTR entweder für Textabschnitte separat oder kumulativ berechnet (unter Verwendung aufeinanderfolgender Textabschnitte). Die abschnittsweise TTR ermöglicht den Vergleich dieses Maßes über ein längeres Textsegment hinweg. Dabei interessiert insbesondere das Niveau der TTR und die Variabilität der Schätzungen in den betrachteten Textsegmenten. Die kumulative TTR ermöglicht dagegen die Beschreibung der Entwicklung der Wörtervielfalt über den Text hinweg und gibt insbesondere darüber Auskunft, ob

bei Fortführung des Textes über das Segment hinaus noch eine Vergrößerung der Wörtervielfalt zu erwarten wäre. Letzteres wird durch einen Abfall der kumulativen TTR über den gesamten Text hinweg angezeigt, während eine zur X-Achse parallel verlaufende kumulative TTR-Kurve anzeigt, daß bei weiterem gleichartigem Text keine Erhöhung der Wörtervielfalt mehr zu erwarten ist.

TTR für Texte geschriebener und gesprochener Sprache

Da dieser Beitrag dazu dienen soll, die TTR als Maß zur Unterscheidung der Textvielfalt weiter zu untersuchen, werden zunächst unterschiedliche Texte hinsichtlich ihrer TTR verglichen. Abb. 1 zeigt hierzu die kumulativen TTR-Kurven

Abbildung 1: Kumulative TTR für mehrere Texte: jeweils die ersten 2 000 Wörter, 50-Wörterschritte

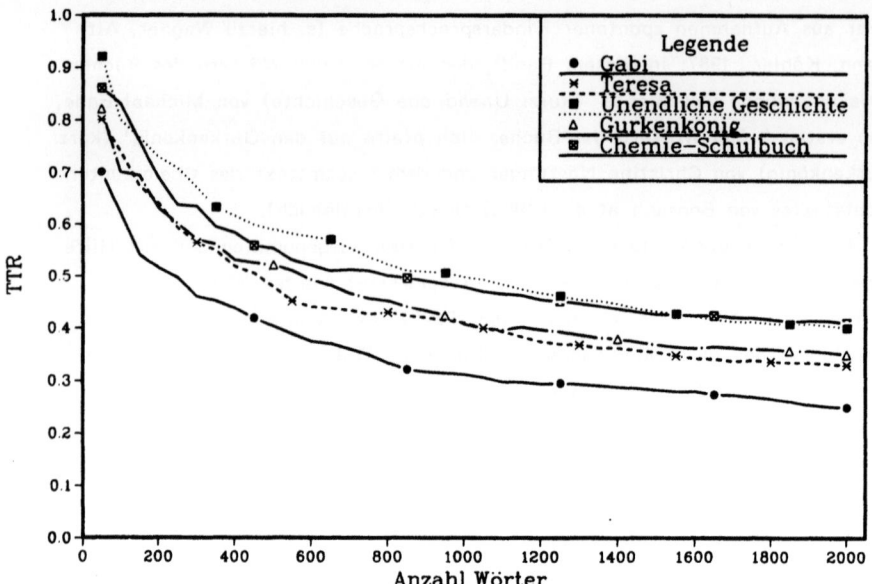

für die ersten 2 000 Wörter der jeweiligen Texte in Schritten von 50 Wörtern. Es zeigt sich, daß die kumulativen TTR-Werte der beiden Kindersprachkorpora im wesentlichen unter den Korpora von schriftlicher Sprache liegen, daß aber die Reihung der Korpora nach der Größe der kumulativen TTR für die ersten 50 Wörter anders als auf der Basis der letzten 50 Wörter ausfiele. Dies verdeutlicht, daß das Niveau der kumulativen TTR bei unterschiedlichen Texten unterschiedlich sein kann und daß die TTR-Verlaufskurven für verschiedene Texte unterschiedliche Formen annehmen können. Tabelle 1 zeigt dazu die TTR-Werte für die ersten 2 000 und die ersten 50 Wörter sowie weitere Statistiken für 50-Wörterabschnitte. Dabei wird deutlich, daß die Texte von Gabi und Teresa (Kindersprechsprache), abschnittsweise betrachtet, für den ersten 50-Wörterabschnitt und den ersten 2 000-Wörterabschnitt jeweils kleinere TTR-Werte aufweisen (oberer Tabellenteil) als die betrachteten gedruckten Texte. Weiterhin sind auch die mittleren TTR-Werte der 50-Wörterabschnitte beider Kinder geringer (= 0,01) als die entsprechenden mittleren TTR-Werte der gedruckten Texte (unterer Tabellenteil).

Tabelle 1: TTR für ausgewählte Texte: Statistiken für Texte unterschiedlicher Länge

Geschriebene Texte	Kumulative TTR für		(1)/(2) in %
	Erste 2 000 Wörter (1)	Erste 50 Wörter (2)	
Chemiebuch	0,409	0,860	0,48
Unendliche Geschichte	0,400	0,920	0,43
Gurkenkönig	0,349	0,820	0,43
Gesprochene Texte			
Teresa (9;7 Jahre; Monate)	0,329	0,800	0,41
Gabi (5;4)	0,249	0,700	0,36

Statistiken für TTR-Werte (50-Wörterabschnitte)

	N	Mittelwert	Minimum	Maximum	Standardfehler des Mittelwerts	Variations-Koeffizient in %
Chemiebuch	353	0,845	0,620	0,980	0,003	7,29
Unendliche Geschichte	63	0,856	0,760	0,960	0,006	5,23
Gurkenkönig	63	0,789	0,660	0,920	0,008	7,67
Teresa	557	0,746	0,400	0,940	0,004	11,90
Gabi	128	0,700	0,460	0,900	0,008	12,22

Die TTR unterschiedlicher Kindersprachkorpora

Abb. 2 zeigt die kumulative TTR für zwei vollständige Kindersprachkorpora in 500-Wörterschritten (vgl. Abbildung 2, S. 106). Die Kurve der kumulativen TTR liegt für die jüngere Gabi (5;4 Jahre) unter der entsprechenden Kurve für Teresa (9;7 Jahre). (Für weitere statistische Eigenschaften dieser beiden Korpora siehe Tabelle 3). Die TTR-Verläufe unterscheiden sich für beide Kinder. Der Unterschied besteht vor allem in einer höheren Anfangs-TTR für Teresa. Nach Berücksichtigung dieses Anfangsunterschieds verlaufen die

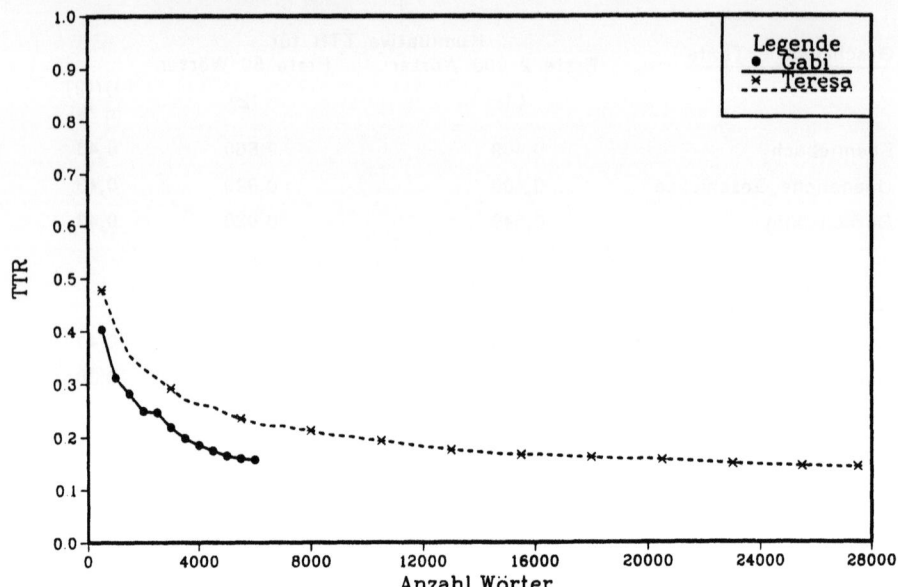

Abbildung 2: Kumulative TTR für Gabi und Teresa: jeweils Gesamttexte, 500-Wörterschritte

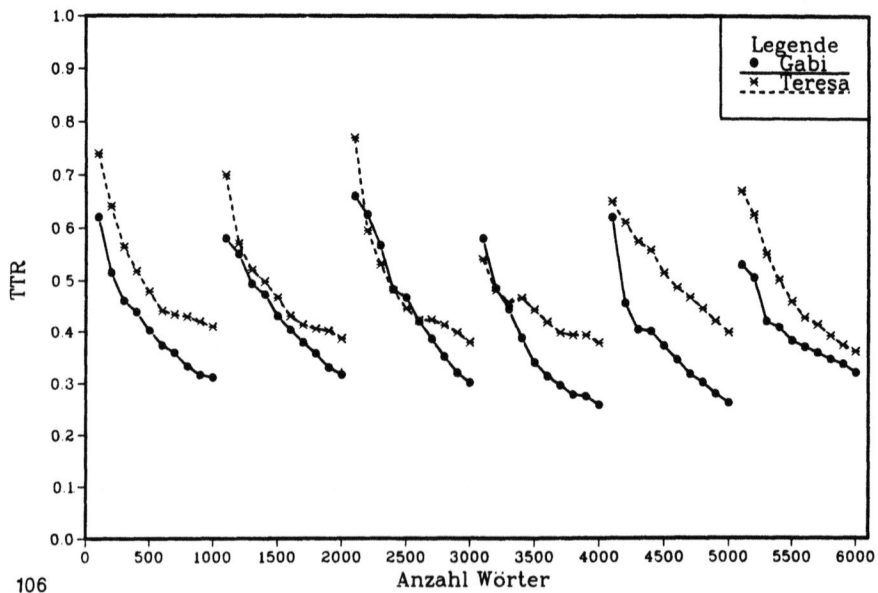

Abbildung 3: Kumulative TTR für Gabi und Teresa: jeweils die ersten sechs 1 000-Wörtertextabschnitte, 100-Wörterschritte

kumulativen Kurven jedoch parallel. Durch Prüfung der Abbildung 3 wird der Unterschied in der Anfangs-TTR beider Kinder nur für vier der sechs betrachteten Textausschnitte bestätigt. Die vorher bei der kumulativen TTR beobachtete Parallelität der Kurven findet sich nun nur noch für Kurvenausschnitte, nicht jedoch für ganze 1 000-Wörterabschnitte. Insgesamt entsteht nun der Eindruck eines recht unterschiedlichen Sprachgebrauchs bei beiden Kindern. Es unterscheiden sich nämlich sowohl die Kurvenverläufe (d.h. die zum bekannten Text hinzukommenden Types) als auch die Anfangs-TTR-Werte beider Kinder (TTR-Werte der ersten 50 Wörter verschiedener Textabschnitte). Das bedeutet, daß die kumulative TTR, insbesondere im Zusammenhang mit großen Textabschnitten, viele Besonderheiten (Variabilität) der Texte verbirgt.

Tabelle 2: Verschiedene Wörter (Types) für Gabi und Teresa:
   ausgewählte Statistiken für Abschnitte von 1 000 und 500 Wörtern

Anzahl Wörter (aufeinanderfolgend)	Verschiedene Wörter (Types) Gabi (1)	Teresa (2)	Types Teresa/ Types Gabi (2)/(1)
1 000	311	409	1,32
1 000	316	386	1,22
1 000	301	379	1,26
1 000	258	378	1,47
1 000	262	398	1,52
1 000	320	361	1,13
Mittlere Anzahl (1 000er Schritte) für 6 000 Wörter	295	385	1,31
Minimum	258	361	1,40
Maximum	320	409	1,28
Mittlere Anzahl (500er Schritte) für 6 000 Wörter	376	460	1,22
Minimum	266	390	1,47
Maximum	466	548	1,10

Tabelle 2 zeigt daher die Relationen neuer Wörter (Types) bei Textabschnitten von 1 000 und 500 Wörtern für Teresa und Gabi. Daraus ergibt sich, daß die Beziehung der Types von Teresa zu den Types von Gabi pro 1 000 Wörter um einen Wert von 1,31 im Mittel schwankt. Die mittlere Anzahl verschiedener Wörter bei Abschnitten von 1 000 Tokens ist also bei Teresa um 30 % höher als bei Gabi. Der Bereich ist allerdings 1,13-1,52. Beim Vergleich von Textabschnitten von 1 000 Wörtern finden sich also auch solche mit nur 13 % oder solche mit 52 % mehr verschiedenen Wörtern bei Teresa im Vergleich zu Gabi. Diese Schwankungen in den TTR-Relationen kommen deshalb zustande, weil TTR-Werte auch innerhalb eines Sprechers große Variabilität aufweisen. Bei Gabi verhalten sich der minimale zum maximalen TTR-Wert für 1 000-Wörterabschnitte wie 1:1,24, bei Teresa wie 1:1,13 (Tabelle 2).

Da Teresa im Mittel (für 1 000 Token-Abschnitte) eine höhere TTR aufweist und Gabi einen größeren Schwankungsbereich ihrer entsprechenden TTR-Werte, ist von Interesse, ob hier Altersunterschiede entscheidend sind. Insbesondere wäre zu untersuchen, ob die Relation von etwa 1,3 mal mehr Types pro 1 000 Wörter einen Hinweis auf die Geschwindigkeit des Spracherwerbs bei Kindern im Alter zwischen 5;4 (Gabi) und 9;7 (Teresa) geben kann. Solche Analysen müssen weiteren Arbeiten vorbehalten bleiben.

TTR bei unterschiedlichen Textausschnitten

Legt man eine Analyse Textausschnitte zugrunde, so wäre es erstrebenswert, diese so zu wählen, daß sie den interessierenden Gesamttext repräsentieren. Das Ziel ist also geeignet, Stichproben aus dem Text zu ziehen. Wagner (1974) errechnete anhand der TTR-Abnahme von Teresa für diese einen möglichen Gesamtwortschatz von 150 000 bis 160 000 Tokens mit der zu erwartenden Eigenschaft, daß bei dieser Tokenzahl die Wahrscheinlichkeit für neue Types gering sei. Hätte er damit recht, so stellte die Tagesaufnahme von 28 000 Wörtern jedenfalls einen systematischen (nicht zufälligen), womöglich aber auch einen untypischen Teildatensatz dar. Um dies näher zu untersuchen, wurden die kumulativen TTR-Werte für den recht langen Text von Teresa in Abschnitten von 1 000 Tokens dargestellt (Abb. 4). Dabei zeigt sich, daß die abschnittsweisen TTR-Werte z.T. erheblich von der mittleren TTR für jeweils 1 000 Wörter (0,379) abweichen. Sie schwanken in einem Bereich

Abbildung 4: Kumulative TTR für Teresa: alle 1 000-Wörtertextabschnitte des Gesamtkorpus (sequentiell) (1), 100-Wörterschritte

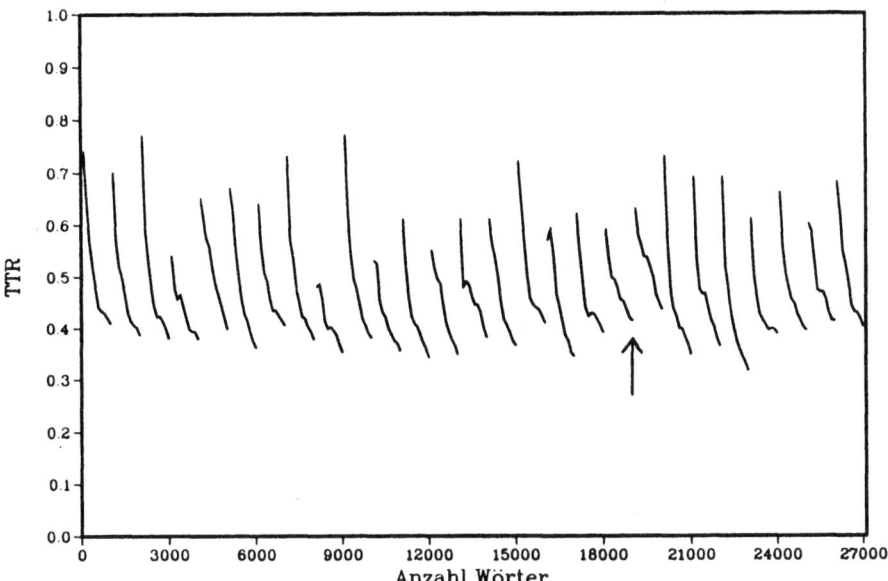

Vgl. zur Erklärung des Pfeils Abb. 5.

von 0,316 und 0,436. Für den Text Gabi beobachten wir einen Bereich der TTR-Werte bei 1 000er Tokenabschnitten von 0,258 bis 0,320 mit einer mittleren TTR von 0,295. Diese Variabilität von TTR-Einzelwerten unterschiedlicher Textabschnitte beeinträchtigt Vergleiche von Textabschnitten desselben Sprechers und von Abschnitten unterschiedlicher Sprecher.

Um diesen Aspekt noch etwas weiter zu verdeutlichen, wurden die kumulativen TTR-Werte der ersten und von einem zufällig ausgewählten Textabschnitt von jeweils 1 000 Wörtern von Teresa verglichen (Abb. 5 vgl. S. 110). Dieser Vergleich zeigt, daß die beiden Abschnitte unterschiedliche TTR-Verläufe aufweisen. Hier wurde zur Verdeutlichung dieses Unterschieds eine Tokenzahl von 5 Wörtern im Nenner verwendet. Im Bereich von 50 bis zu 500 Wörtern ist die kumulative Wörtervielfalt des zufällig ausgewählten Textes geringer. Ab 500 Wörtern steigt die TTR des zufällig gewählten Teilstücks leicht über die des Abschnitts aus den ersten 1 000 Wörtern. In Abbildung 4 ist das zufällig

Abbildung 5: Kumulative TTR für Teresa: erster und zufälliger (1) 1 000-Wörtertextabschnitt des Gesamtkorpus, 5-Wörterschritte

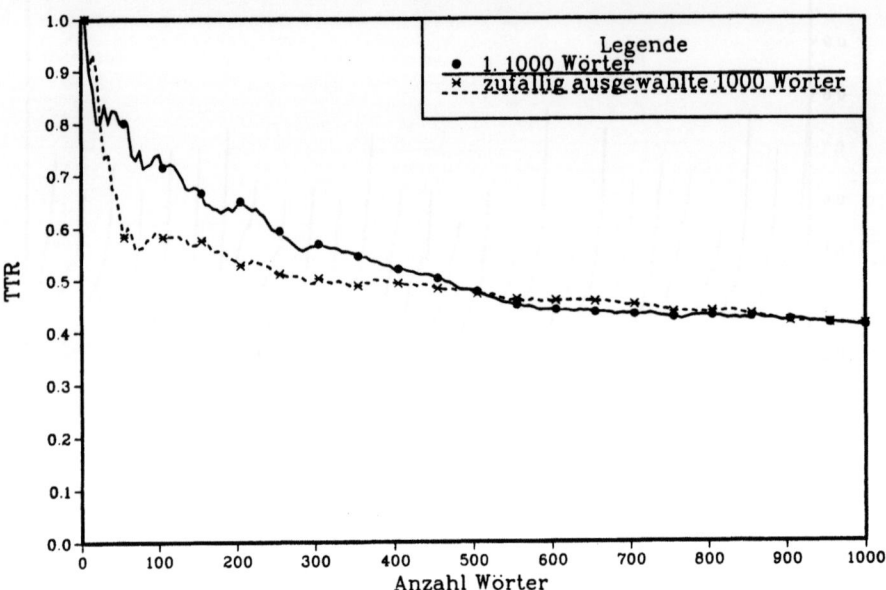

Dieser Textabschnitt ist in Abbildung 4 mit einem Pfeil gekennzeichnet.

ausgewählte Textstück mit einem Pfeil versehen, um es im Vergleich zu allen Textabschnitten zu kennzeichnen.

Gemittelte TTR-Werte nach Tokenzahl

Die Darstellung der kumulativen TTR in den Abbildungen 1 und 2 zeigte sich als wenig vorteilhaft zur Darstellung von Eigenschaften von Texten mit großer interner Variabilität. Das ist der Fall, weil die Kurven dann starke Schwankungen aufweisen und ihre Gestalt vom gewählten Textausschnitt abhängen kann. Diese Schwäche vermeidet eine Betrachtungsweise, die sich auf gemittelte TTR-Werte stützt. Sie benutzt einerseits die gesamte Vielfalt der Texte, produziert wegen der Mittelung der TTR über Textabschnitte hinweg aber stabilere Schätzer. Trägt man nun logarithmierte Tokenzahl und die entsprechenden mittleren TTR-Werte für die Texte der Abbildung 1 auf, so erhält man die Abbildung 6. Sie zeigt eine Parallelität der mittleren TTR-

Abbildung 6: Mittlere TTR bei unterschiedlichen Tokenanzahlen (logarithmiert) für ausgewählte Texte

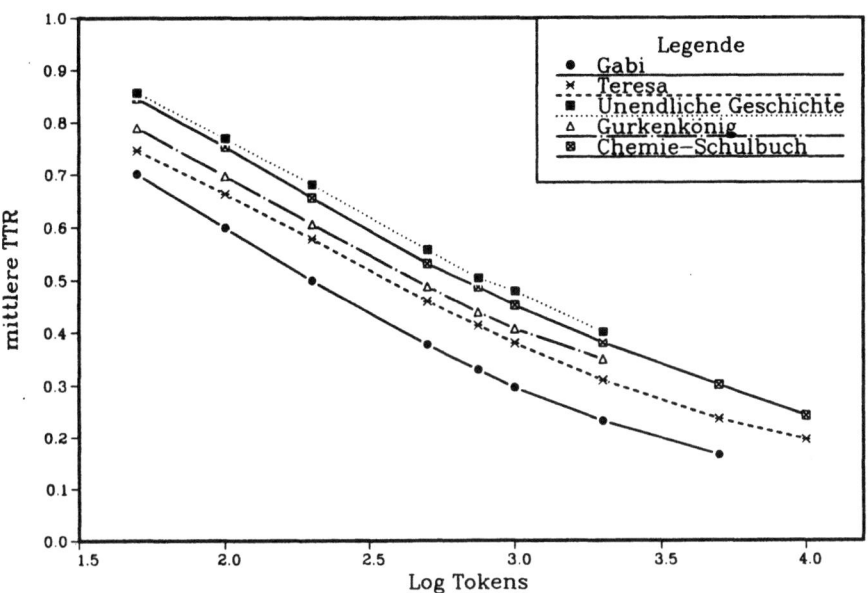

Kurven bei einer sehr schwachen Kurvenkrümmung. Die Kurven überlappen nicht, wie in Abbildung 1, sondern reihen sich nach aufsteigender mittlerer TTR wie folgt: Gabi, Teresa, Gurkenkönig, Chemiebuch, Unendliche Geschichte (Tabelle 3, vgl. S. 112). Im unteren Tokenbereich (bis zu 1 000 Tokens) sind die Kurven statistisch unterschiedlich ($\alpha = 0{,}05$). Danach liegen die TTR-Werte der Drucktexte über jenen des älteren Kindes Teresa. Das Kinderbuch Gurkenkönig weist eine geringere mittlere TTR auf als das Chemiebuch oder die Unendliche Geschichte. So gestaltet, erweist sich die TTR also durchaus als Maß zur Beschreibung der Sprachvielfalt von Texten.

Wenn sich solche Kurven in weiteren Analysen und mit größeren Textumfängen bestätigen lassen, stellten sie einen neuen Vorschlag zur Darstellung von Texteigenschaften mit Hilfe der TTR dar. Solche Kurven können u.U. auch zur Schätzung von Gesamtwortschätzen dienen, wenn durch die Schätzung der mittleren TTR bei hohen Tokenzahlen auch die Kurvenpunkte am Rand zuverlässig bestimmt werden.

Tabelle 3: Mittlere TTR-Werte für Textabschnitte unterschiedlicher Länge: fünf Texte im Vergleich

Texte	50	100	200	500	Anzahl Tokens 750	1 000	2 000	5 000	10 000
					Mittelwert der TTR				
					Stand. Fehler des Mittelwerts				
					Anzahl Abschnitte				
Gabi	0,70	0,60	0,50	0,38	0,33	0,29	0,23	0,16	
	0,01	0,01	0,01	0,01	0,01	0,01	0,01	1	
	128	64	32	12	8	6	3		
Teresa	0,75	0,66	0,58	0,46	0,41	0,38	0,31	0,24	
	0,00	0,00	0,00	0,01	0,01	0,01	0,01	0,01	
	557	278	139	55	37	27	13	5	
Gurkenkönig	0,79	0,70	0,61	0,49	0,44	0,41	0,35	.	
	0,01	0,01	0,01	0,01	0,01	0,01	.	.	
	63	31	15	6	4	3	1		
Chemiebuch	0,85	0,75	0,65	0,53	0,49	0,45	0,38	0,30	0,24
	0,00	0,00	0,01	0,01	0,01	0,01	0,01	0,00	.
	353	172	86	34	23	17	8	3	1
Unendliche Geschichte	0,86	0,77	0,68	0,56	0,50	0,48	0,40		
	0,01	0,01	0,01	0,01	0,01	0,01	.		
	63	31	15	6	4	3	1		

Die Konsequenz aus diesen Ergebnissen führt zu der Empfehlung, statt der kumulativen TTR über den Gesamttext hinweg gemittelte TTR-Werte für zahlreiche Textabschnitte gleicher Länge zu untersuchen. Dies hat den statistischen Vorteil, daß es so gelingt, die TTR einer festen Tokenzahl unverzerrt zu schätzen und mit zunehmender Anzahl von Textabschnitten fester Länge die Variabilität der geschätzten mittleren TTR zu reduzieren.

Zusammenfassung und Diskussion

In der Arbeit werden ausgewählte Aspekte der Type-Token-Ratio, vorwiegend für Texte der gesprochenen Kindersprache, dargestellt. Wenn die TTR typische Textcharakteristika beschreiben soll, dann ist es nötig, bei der Auswahl der Korpora oder Personen die Vielfalt des Materials zu repräsentieren, auf das die Ergebnisse verallgemeinert werden sollen. Ohne ausreichende Kenntnisse über die Beziehung der TTR von Teiltexten zur TTR für den Gesamttext ist es schwierig, Stichprobenverfahren für Teiltexte entsprechend den textlichen Gegebenheiten zu entwerfen. Mit der breiteren Verwendung der KDEM (2) müßte es gelingen, umfangreiche Korpora aus unterschiedlichen Bereichen in analysierbare Form zu bringen (Scherber, 1987), um somit die Voraussetzungen für diese Arbeit zu schaffen. Ratsam für Teiltextanalysen ist es auf jeden Fall, ein größeres Stück zusammenhängenden Textes in die Analyse einzubeziehen. Beim Vergleich des interessierenden Textes mit anderen kann es gelingen, seine spezifischen Besonderheiten deutlicher zu erkennen.

Eine weitere zu klärende Frage ist die der geeigneten Textlänge. Die Entscheidung darüber wird unabhängig von der Größe des Gesamttexts fallen müssen, um einen Mindesttextumfang für die Analyse zu gewährleisten. Soll bei der Untersuchung die Gestalt der kumulativen TTR-Kurve bestimmt werden, so könnte eine Strategie darin bestehen, aus einer Stichprobe des Materials zunächst die kumulative TTR-Kurve zu bestimmen, um diese dann dazu zu benutzen, den Gesamtumfang des Wortschatzes zu schätzen.

Zur Charakterisierung von Einzeltexten und zum Vergleich von mehreren Texten ist die Mittelung von TTR-Werten nach Tokenzahlen in Multiplen von 10, 100 oder 1 000 zu empfehlen, wobei die Gesamttextumfänge so groß sein sollten, daß auch die TTR-Werte für Tokenzahlen von 1 000 und 5 000 zuverlässig geschätzt werden können. Offen bleibt noch die Frage, wie unterschiedliche Textsegmente eines umfangreichen Werkes eines Autors sich empirisch darstellen und ob TTR-Kurven von Textstellen aus unterschiedlichen Werken eines Autors sich ähneln.

Die TTR kann selbstverständlich auch zur Beschreibung von Textuntermengen benutzt werden. Diese können nach Sprechern, Situationen, Orten etc. unterschieden werden. Analog zu dem Versuch, Texte zu unterscheiden, kann man die so klassifizierten Textteile hinsichtlich ihrer Eigenheiten mit Hilfe der TTR untersuchen. Dabei geht es dann um Gemeinsamkeiten oder Unterschiede von

Textteilen, die ein größeres Ganzes bilden. Solche Vergleiche lassen Ergebnisse über die Gleichartigkeit von Sprache oder Text unterschiedlicher Herkunft, über die Kongruenz von Sprache unterschiedlicher Sprecher, über den Grad der Übereinstimmung von Sprache und Gehörtem oder von Gelesenem und Gesprochenem oder Gesprochenem und Verstandenem erwarten. Solche Analysen sind vielleicht dazu geeignet, Einblicke in Kommunikationsformen und deren Auswirkungen zu geben.

Literatur

Bonsach, H.; Gietz, P.; Justus, A.; Stumpf, K. 1983. Chemie. Unterrichtswerk für Gymnasien. Stuttgart: Klett.

Holmes, D.L. 1985. The analysis of literary style - a review. J.R. Statist. Soc., Part A. pp. 328 - 341.

Schach, E. 1987. Einige Überlegungen zu statistischen Aspekten linguistischer Datenverarbeitung. In: F. Faulbaum und H.-H. Ühlinger (Hg.). Proceedings der 4. Konferenz über die wissenschaftliche Anwendung von Statistik-Software. Heidelberg: in Vorbereitung.

Scherber, P. 1987. Möglichkeiten und Grenzen der Texterfassung mit der Kurzweil-Lesemaschine (KDEM). In: F. Faulbaum und H.-H. Üblinger (Hg.). Proceedings der 4. Konferenz über die wissenschaftliche Anwendung von Statistik-Software. Heidelberg: in Vorbereitung.

Wagner, K.R. 1974. Die Sprechsprache des Kindes. Teil I. Düsseldorf: Schwann.

Wagner, K.R., Altmann, G. und Köhler, R. 1987. Zum Gesamtwortschatz der Kinder. In diesem Band.

Fußnote

[1] Für die Entwicklung des Programms zur Berechnung der TTR danke ich Herrn Dr. Amadori, Dortmund und für die Mithilfe bei der Analyse des Materials sei Herrn cand. stat. B. Bieckmann gedankt.

[2] KDEM = Bezeichnung für eine Maschine, mit der automatisch Texte in den Rechner gelesen werden können.

Gerhard Augst

IST DIE DEGRESSIVE STRUKTUR DES WORTGEBRAUCHS EIN ARGUMENT FÜR DEN RECHTSCHREIBGRUNDWORTSCHATZ (RGW)?

Fragestellung

Für die hier vorzustellende Untersuchung gibt es zwei Gründe:

(1) Ein Hauptargrument für den RGW und seinen Umfang ist die degressive Struktur des Wortgebrauchs: es gibt wenige Wörter, die sehr häufig und viele Wörter, die sehr selten gebraucht werden. Mathematisch ergibt dies eine Hyperbel mit zwei Ästen. Der Scheitelpunkt der Kurve dürfte, wenn der eine Ast steil und der andere Ast flach genug ist, den Umschlag von der Häufigkeit in die Seltenheit gut markieren. Wo aber liegt er: bei 600, 800, 1000 oder 2000 Wörtern? Und wie verhält sich die degressive Struktur des Wortgebrauchs eines einzelnen Kindes zu einem Durchschnitt vieler Kinder?

(2) Die Basis für solche Durchschnittswortschätze sind meist ältere Wortschätze. Fast immer ist die Grundlage die umfangreiche Sammlung über ca. 11.000.000 Wortformen von Kaeding (1897). M.E. ist es bei all den Versuchen, einen RGW empirisch aufzustellen (Hesse/Wagner 1985; dort weitere Literatur), sicher förderlich, einmal den t a t s ä c h l i c h e n Schriftwortschatz der Schüler in der Grundschule zu erheben, denn Kinder schreiben in diesem Alter fast ausschließlich im Zusammenhang mit der Schule. Der Ist-Stand ist sicher kein hinreichendes, aber ein notwendiges Argument, wenn es gilt, einen RGW aufzustellen.

Der Sinn der Untersuchung ist daher, zu ermitteln, welche Wörter die Schüler des 4. Sj. wirklich schreiben. Dazu habe ich am Ende des 4. Sj. alles gesammelt, was 10 Kinder verschiedener Schulen in diesem ganzen letzten Grundschuljahr (1983/4) geschrieben hatten (in allen Fächern). Es gibt in der Tat Schulkinder, die alle Hefte, Zettel und Ordner während des ganzen Schuljahres aufheben.

Die Auswertung ist noch nicht abgeschlossen. Hier werden erste Ergebnisse vorgelegt.

Tabelle 1: Der geschriebene Schulwortschatz im 4. Schuljahr
(SAVA = Substantive, Adjektive, Verben, Adverbien)

Spalte		1	1a	2		3	
		alle tokens	alle types	alle SAVA - tokens	%	alle SAVA - types	%
1.	Kristina	17619	3996	9799	55,6	3596	90.0
2.	Simone	19222	3771	9837	51.2	3371	89,4
3.	Bettina	11957	3117	6342	53.0	2718	87.2
4.	Konstanze	8932	2413	4583	51.3	2012	83.4
5.	Christina	12382	3118	6648	53.6	2718	87.2
6.	Kerstin	17382	2426	9697	55.8	2026	83.5
7.	Julia	9720	2535	5133	41.6	2135	84.2
8.	Gero	16622	3830	8796	52.9	3430	89.6
9.	Tom	9762	2874	4927	50.5	2474	86.1
10.	Charlotte	18422	4071	9220	50.0	3671	90.2
Summe:		142020	–	74982	52.8	–	–

Spalte		4		4a	4b	5	
		200 häufigsten Sava-Types			Häufig-keit	Restliche SAVA-tokens	
		tokens abs.	%	% aller SAVA-types		Restliche SAVA-types	
1.	Kristina	3325	33.9	5.66	8	6474 : 3396	= 1.91
2.	Simone	3455	35.1	5.93	9	6382 : 3171	= 2.01
3.	Bettina	2304	36.3	7.36	5	4038 : 2517	= 1.60
4.	Konstanze	2038	44.5	9.94	4	2544 : 1813	= 1.40
5.	Christina	2432	36.5	7.36	6	4216 : 2518	= 1.67
6.	Kerstin	3694	38.1	9.87	9	6003 : 1826	= 3.29
7.	Julia	1861	36.3	9.37	5	3272 : 1935	= 1.69
8.	Gero	2861	32.5	5.83	7	5935 : 3230	= 1.84
9.	Tom	1695	34.4	8.08	4	3232 : 2274	= 1.42
10.	Charlotte	3097	33.5	5.45	8	6123 : 3471	= 1.76

Befund

Ausgezählt wurden alle tokens: Tabelle 1 in Spalte 1. In der Summe sind es 142020 tokens, bei den einzelnen Kindern schwanken die Zahlen zwischen 8932 (Konstanze) und 19222 (Simone).

In den Komputer gefüttert wurden alle tokens, die Substantive (außer Eigennamen), Adjektive, Verben und Adverbien waren. In der Summe sind es nach Spalte 2 74982 SAVA-tokens, = 52.8 % aller tokens. Die Anteile schwanken zwischen dem niedrigsten mit 41.6 % (Julia) und dem höchsten mit 53.6 % (Kristina). Die restlichen Wörter nennen wir Funktionswörter; darunter sind auch die 3 Auxiliarverben und die 6 Modalverben.

In Spalte 3 ist angegeben, auf wieviel types die Menge der SAVA-tokens zurückgehen. Der Anteil an allen types beträgt zwischen 90.2 % (Charlotte) und 83.4 % (Konstanze). Da wir die types der Funktionswörter nicht ermittelt haben, sind wir auf eine Schätzung angewiesen. Hesse/Wagner (1985) schlüsseln nach S(ubstantive), A(djektive), V(erben) einerseits und R(est) andererseits auf. Rechnet man die R-Klasse - gemäß meinem Ansatz - auseinander in Adverbien und Funktionswörter, so ergibt sich für die beiden Sammlungen bei Hesse/Wagner:

	1000 Wörter RGW		5000 Wörter GW	
SAV	779	77.9 %	4559	91.2 %
Adv.	87	8.7 %	198	4.0 %
Funktionsw.	134	13.4 %	243	7.6 %

Man erkennt daraus: (1) Der Anteil der Funktionswörter in types ist sehr gering, und er sinkt prozentual, je größer der Gesamtwortschatz (types) des ganzen Textes ist. (2) Obwohl der Anteil der Funktionswörter, bezogen auf die types, sehr niedrig ist, machen diese wenigen Wörter als tokens über 50 % des gesamten Textes aus. Andersherum gewendet: Die Menge der Substantive, Adjektive, Verben und Adverbien, der in großen Korpora 95 % aller types zuzurechnen sind, stellt nur gut die Hälfte aller tokens. Die bekannte degressive Struktur des Wortschatzes - Häufigkeit: zu Rangplatz - ist daher vor allem durch die Funktionswörter verursacht.

(Hesse/Wagner haben recht daran getan, wenn sie unter R auch die Adverbien miterfaßt haben; denn ihr Anteil an types ist um so niedriger je größer das Gesamtkorpus ist. Auch in unserem Material zeigt sich, daß sie in der Häufigkeit in den oberen Rängen überproportional vertreten sind, vgl. die Wortliste im Anhang: A = Adverb.)

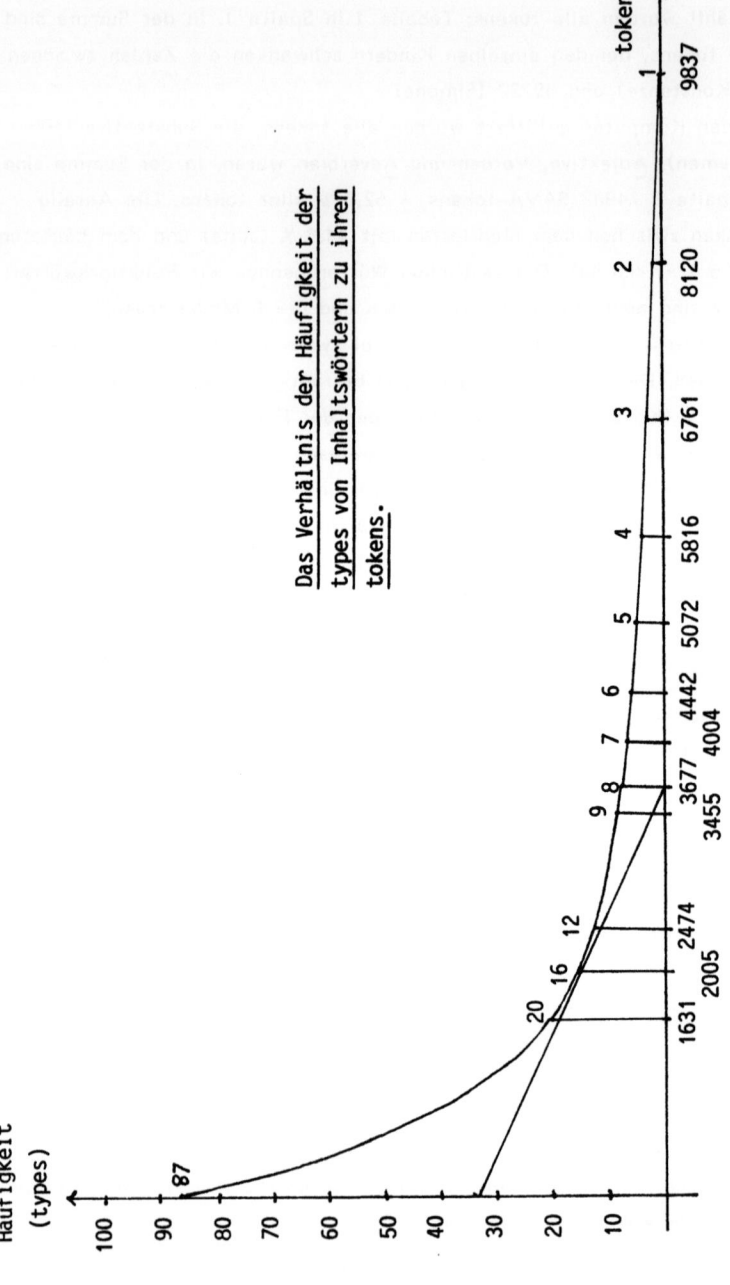

In der Spalte 4 ist nun angegeben, wieviel Prozent aller SAVA-tokens die 200 ranghöchsten SAVA-types auf sich vereinigen. 200 types machen nach Spalte 4a bei Simone, dem Kind mit den meisten SAVA-tokens (9837), gerade 5.93 % aus; bei Konstanze mit den wenigsten SAVA-tokens (4583) 9.94 %. Bezogen auf die tokens decken die jeweils 200 häufigsten SAVA-types zwischen 33.5 % (Charlotte) und 44.5 % (Konstanze) aller SAVA-tokens ab. Das heißt, auch hier ist eine degressive Struktur zu beobachten, wenn sie auch, verglichen mit den Funktionswörtern, w e s e n t l i c h geringer ausfällt.

Die Spalte 5 gibt an, weiviel tokens und types noch übrig bleiben, wenn man die 400 Funktionswörter und die 200 häufigsten SAVA-types abzieht. Es ist dazu für jedes Kind das TTR-Maß angegeben. (Da es sich um unterschiedlich lange Textmengen pro Kind handelt, werden wir auch noch den bilogerithmischen TTR-Wert berechnen.) Im geringsten Fall (Konstanze) entfallen auf 1 type 1.4 tokens, im höchsten Fall (Kerstin) 3.29 tokens.

Dieses Ergebnis deutet schon darauf hin, daß es wahrscheinlich schwierig sein wird, nach den 200 häufigsten SAVA-types noch solche zu nennen, die mit großer Ranghäufigkeit vorkommen. Deshalb ist in Spalte 4b angegeben, bei welcher Häufigkeitsstufe man jeweils nach den 200 häufigsten SAVA-types angelangt ist.

Die Graphik (S.118) kann das Phänomen verdeutlichen. Es wurde stellvertretend das Kind Simone ausgewählt mit der größten Menge an tokens. Die Graphik zeigt das Verhältnis von Häufigkeit in der Ordinate und dadurch abgearbeiteten tokens in der Abszisse für die SAVA-Wörter. Es entsteht die allseits bekannte Hyperbel mit einem relativ steilen Abfall am Anfang, einem Scheitelpunkt $y = -x + 33$, der bei tokens 2005 und der Häufigkeit 16 (= 70 SAVA-Wörter) liegt; danach gleitet die Kurve in einem immer flacheren, recht langen Verlauf bis zur Häufigkeit 1 type = 1 token.

In der immer langsameren Abflachung der Kurve liegt nun das Problem für alle Rechtschreibgrundwortschätze. Kurz nach dem Scheitelpunkt - bei Simone etwa bei Häufigkeitsstufe 9 (= 200 SAVA) - wird die Kurve so flach, daß der Nutzen, die Wörter der Häufigkeitsstufe 7 oder 6 statt 5 oder 4 zu üben, in keinem Verhältnis mehr steht zu der Wahrscheinlichkeit des Vorkommens. Überraschend ist, daß der Scheitelpunkt so früh liegt.

Die von mir ausgezählten 200 häufigsten SAVA-types bewegen sich bei a l l e n Kindern schon weit hinter dem Scheitelpunkt. Daraus ergibt sich, daß der RGW für ein Kind, wenn er durch die degressive Struktur begründet wird, bestehen sollte aus ca. 400 Funktionswörtern (einschließlich der Modal- und Auxiliarverben) und maximal 200 SAVA-Wörtern: Substantive, Adjektiven, Verben und Adverbien. Bei allen weiteren Wörtern läßt sich die Aufnahme in die RGW überhaupt nicht mehr aus der Degression begründen.

Es kommt nun noch eine Minderung des Nutzens hinzu. Ein RGW ist immer ein Durchschnitt für alle Kinder. D.h., der häufigste Durchschnittswortschatz von 500 oder 1000 Wörtern deckt sich nur partiell mit den Schreibbedürfnissen jedes einzelnen Kindes, da seine häufigsten 600 Wörter nur partiell mit denen des RWG übereinstimmen. Die Crux liegt dabei nicht in seinen 400 Funktionswörtern, sondern in seinen 200 SAVA-Wörtern.

Ein Vergleich der 50 häufigsten SAVA-Wörter - wie ihn die Wortliste (im Anhang S.124) bietet - für jedes Kind zeigt schon lediglich eine Überlappung von 72.9 % (Es sind 172 Wörter aufgelistet; bei 50 wäre die Überlappung 100 % (= vollständig), bei 500 wäre sie 0 (nicht vorhanden). Bei den 200 häufigsten Wörtern kann das Verhältnis nur noch ungünstiger werden.

Nun kann man, um die 200 häufigsten SAVA-Wörter jedes Kindes besser abzudecken, die Menge des RGW für die SAVA-Wörter auf 400, 600, 800, 1000 erhöhen. Hier ergeben sich schwierige und umfangreiche Berechnungen. Für die 50 häufigsten SAVA-Wörter pro Kind, = 172 SAVA Wörter bei allen 10 Kindern, ergibt sich, daß 31 Wörter nicht unter den 1000 Wörtern verzeichnet sind, die der RGW von Hesse/Wagner (1985) auflistet; das sind 18.0 %, also knapp ein Fünftel. Gehen wir von den 200 häufigsten Wörtern aus, so wird der Anteil der nicht-verzeichneten mit Sicherheit steigen.

Nun kann man die Überlappung erhöhen, indem man die Liste optimiert. Hesse/Wagner werten teilweise ältere Wortlisten aus, teilweise mündliche Wortschätze, vor allem aber Wortschätze, die in einer kontinuierlichen Überlieferungstradition stehen seit Kaeding 1897. Es ist natürlich zu erwarten, daß sich die Qualität des Ausgangsmaterials auf das Resultat der bewundernswerten Arbeit von Hesse/Wagner auswirkt. Aber selbst bei einem optimalen Material ist das Problem nur halb gelöst. Das weitere Problem läßt sich in folgender Frage formulieren: Wenn die degressive Struktur des schriftlichen Schulwortschatzes einen jeden Kindes einen Nutzen verspricht bei 400 Funktionswörtern plus maximal 200 SAVA-Wörtern, um wieviel Wörter über 600 muß dann der RGW angelegt sein, daß der Nutzen für jedes Kind optimal ist? Bleibt der RGW zu nahe an 600, dann ist der Nutzen zu gering, weil mit Sicherheit zu viele der 200 häufigsten SAVA Wörter des Kindes X fehlen. Geht man sehr hoch, dann mutet man es dem Kind zu, immer mehr Wörter ganzheitlich zu lernen, die nicht unter seinen 600 häufigsten Wörtern sind.

Diskussion

Der schriftliche Schulwortschatz des 4. Sjs. hat eine degressive Häufigkeitsstruktur, die sich in Form einer Hyperbel mathematisch erfassen und darstellen läßt. Über diese Hyperbel ist m.E. im Bezug auf den RGW noch zu wenig nachgedacht worden:
1. Die Hyperbel hat zwei Äste mit einem Scheitelpunkt. Der eine Ast spricht für den RGW, der andere für das Lernen durch Regeln und Ausnahmen. Allerdings ist der eine Ast (für den RGW) wesentlich undeutlicher ausgeprägt.
2. Die Degression vor dem Scheitelpunkt ist im wesentlichen durch Funktionswörter verursacht, deren types eine kleine abgeschlossene Menge von 400 Wörtern bilden.
3. Ermittelt man die Degression nur für die Inhaltswörter (= SAVA-Wörter), so wird der Kurvenverlauf asymmetrisch; d.h., der Ast, der für den RGW spricht, ist wesentlich kürzer. Nach den 200 häufigsten Inhaltswörtern ist der Scheitelpunkt bei jedem Kind bei weitem überschritten und kein Nutzen mehr aus der Degression für den individuellen RGW zu gewinnen.
4. Für jedes Kind ergibt sich die Güte des RGW als eine Kosten-Nutzen-Analyse. Sein Nutzen im Bezug auf die Degression liegt für ein Kind darin, daß er möglichst viele Wörter enthält, die unter seinen 200 häufigsten Inhaltswörtern liegen; sein Nachteil, daß Wörter fehlen, die unter seinen häufigsten Inhaltswörtern sind und daß er Wörter enthält, die nicht zu seinen häufigsten Inhaltswörtern gehören.
5. Ist der RGW erst aufzustellen, so kann dieses Kosten-Nutzen-Verfahren zum ersten Mal m.E. ein Berechungsverfahren an die Hand geben, <u>wo</u> zwischen 200 und X Inhaltswörtern der RGW angelegt werden muß.

Die hier vorgeführte Argumentation bezieht sich streng auf den Hauptgrund, der für den RGW ins Feld geführt wird: die degressive Struktur des Wortgebrauchs. Natürlich ist es richtig, daß der Ist-Zustand des 4. Sjs. nicht der einzige Maßstab sein kann. Vielmehr strebt der Rechtschreibunterricht einen Soll-Zustand an. D.h., das Kind soll als Erwachsener (fast) alle Wörter schreiben können. Zum Maßstab des GRW könnte daher die degressive Struktur des zu schreibenden Wortschatzes der Erwachsenen gemacht werden. Aber hier möchte ich - vorbehaltlich einer ins Auge gefaßten Untersuchung - vorhersagen, daß die Degression der SAVA-Wörter bei den Erwachsenen noch schlechter ausgeprägt ist als bei den Kindern und dies ganz einfach deshalb, weil bei zunehmendem Umfang des Schriftwortschatzes die type-token-Relation steigt. Außerdem wird die Überlappung innerhalb der einzelnen Schriftwortschätze geringer werden, was allein schon durch die unterschiedlichen Berufe einsichtig wird. Ich möchte also die Hypothese wagen, daß daher die Kosten-Nutzen-Analyse im Bezug auf einen festen RGW nur noch ungünstiger ausfallen kann.

Nach den neuesten Ergebnissen der Leseforschung (Henderson 1982), der Aphasieforschung (Caramazza 1986), der Pathologie in der Ontogenese (Frith 1986) und der linguistischen Theoriebildung (Augst 1986) zeichnet sich als Konvergenz der Forschungsergebnisse folgendes deutlich ab: Rechtschreibfähigkeit liegt dann vor, wenn das Kind/der Erwachsene unbewußt erkannt hat, daß Schreiben nach dem double-code-Verfahren funktioniert. Es gilt, bedeutungstragende Graphemschemata zu speichern (wahrscheinlich auf der Morphemebene), die aus einer kleinen Anzahl von bedeutungsunterscheidenden Graphemen mit einer graphotaktischen Struktur aufgebaut sind. Das Graphemschema kann einerseits durch Abstraktion aus dem Schriftbild erschlossen werden - so hat das Kleinkind m.m. sprechen gelernt -, es kann andererseits aber auch durch Phonem-Graphem-"Übersetzungen" (Regeln und Ausnahmen) (bewußt) erzeugt und - wenn schon vorhanden - in seinem Aufbau kontrolliert werden.

Welche Graphemschemata ein Erwachsener gespeichert hat, weiß niemand; aber es ist nicht unvernünftig anzunehmen, daß es die für ihn bedeutsamen sind. Eine Teilkomponente der Bedeutsamkeit ist sicher dabei die Frequenz. So kann eine Floristin wahrscheinlich "Chrysantheme" schreiben, während es ein Autoschlosser lieber bei "Astern" beläßt. - Welche Phonem-Graphem-"Übersetzungsregeln" das Gehirn anwendet, weiß auch niemand; aber es ist nicht unvernünftig anzunehmen, daß sie etwas mit den Regeln zu tun haben, die in den amtlichen Regeln vorkommen; denn einmal können wir diese amtlichen Regeln (und Ausnahmen) bewußt anwenden und kommen zu einer richtigen Schreibung, zum anderen korreliert die Schwierigkeit bestimmter amtlicher Regeln (z.B. Substantivierung, ß-Schreibung) mit der Fehlerzahl.

Die Rechtschreibfähigkeit wird zu einem nicht geringen Anteil (durch das Gehirn) unbewußt erworben beim Lesen und Schreiben (Krashen 1984). Sofern wir systematisch intervenieren (wollen) durch den Rechtschreibunterricht, sollen diese Bemühungen zwei Ziele verfolgen: einmal dem Gehirn die Möglichkeit aufzuweisen und zu erleichtern, (die richtigen) Graphemschemata zu speichern, zum andern die Übersetzungsgenauigkeit vom Phonemschema zum Graphemschema zu erhöhen, damit nichtgespeicherte Graphemschemata erzeugt und auf Grund vorhandener Graphemschemata erzeugte Schreibungen bewußt oder unbewußt kontrolliert werden können.

Gemäß dieser hier nur skizzenhaft entworfenen Theorie kann ein RGW nicht so sehr dazu dienen, auf Grund der Frequenz bestimmte Graphemschemata im Kopf systematisch zu verankern, Denn für die Funktionswörter geschieht dies ohne systematische Intervention, und bei den Inhaltswörtern (=SAVA-Wörtern) ist die Kosten-Nutzen-Analyse bei mehr als 200 Inhaltswörtern sehr fraglich. Vielmehr liegt sein Nutzen darin, ein Modellwortschatz zu sein. Er sollte daher erstens Wörter enthalten, an denen die Phonem-Graphem-"Übersetzungen" festgemacht werden, so daß neben dem Regelwissen auch die konkretere Analogie-Operation greifen kann, z.B. "Fluß" verhält sich zu "Flüsse" wie "Kuß" zu "Küsse". Zweitens sollte der Modellwortschatz beispielhaft Flexionsparadigmen, Kompositionsstrukturen und Derivationselemente (auch in Kombination) enthalten, denn das Durchschauen der Wortformen und komplexen Wörter ist die Voraussetzung dafür, daß die Bildung eines Graphemschemas auf der Ebene der Morpheme überhaupt erst einsetzt. Untersuchungen darüber, welche Wörter für diese beiden Funktionen besonders geeignet sind, gibt es m.W. bisher nicht.

Literaturverzeichnis

Augst, Gerhard (1983): Rechtschreibgrundwortschatz - Ja oder nein? Überlegungen aus der Sicht der Linguistik. In: Deutsche Sprache 11/1983, 341 - 356
-,- (1986): Descriptively and explanatorily adequate models of orthography, in: G. Augst (ed.) (1986)
-,- (Hrg.): Graphematik und Orthographie. Neuere Forschungen der Linguistik, Psychologie und Didaktik in der Bundesrepublik Deutschland. Frankfurt 1985
-,- (ed.)(1986): New Trends in Graphemic and Orthography. In press
Caramazza, Alfonso (1986): Lexical and non-lexical mechanisms in writing. In: Augst (ed.)(1986)
Frith, Uta (1986): Psychologische Aspekte des orthographischen Wissens: Entwicklung und Entwicklungsstörung. In: G. Augst (ed.) (1986)

Henderson, Leslie (1982): Orthography and Word Recognition. London
Hesse, Harlinde/Wagner, Klaus R. (1985): Der Grundwortschatz der Primarstufe. Dorsten
Krashan, Stephen D. (1984): Writing. Oxford

Anhang: Vergleichende Wortlisten der 50 häufigsten Wörter für jedes Kind
(A = Adverb, X = in Hesse/Wagner nicht unter den 1000 häufigsten * - Wörtern)

	1	2	3	4	5	6	7	8	9	10
Adjektiv				10						
alt	31						16	15	18	72
Antwort		87		167						
antworten					20					
Auto		21	18					25		17
Ball			14							
bauen							10			
Baum							10			12
Bauplatz							10			
beginnen									10	
bekommen		25		35		24	11		10	
X Berichtigung		20					11			28
X betragen				42						
Bett			14							
bezahlen		51		35						22
Bild										20
X Blumenstrauß							11			
Boden									10	
brauchen		26								
braun							11			
bringen				13						
Buch						34			24	
da	A. 28						13		12	
dann	A 22	52	32		26		22		16	48
denken						18			11	
X Differenz				11						
dort		19					12			
Ei						14	26			
einmal	A							27		
erzählen									16	
X Erzählung							12			
essen		32				23		25	12	
fahren		32	48	28	13	17	26		12	46
Fahrrad			22			16				
fallen				15						
Fehler							42	13		39

	1	2	3	4	5	6	7	8	9	10
finden		25		16		16				
X Frage			83		60					37
fragen		30		20		36		24		
Frau			21			18	22	13	23	
Freund									10	
X fressen					16					
ganz		35		20				13		23
geben		37	30	23	18	32	53	18	22	26	37
gehen		80	37	39	15	42	56	11	50	19	44
gehören								22			
Geld					16					
X glotzen					16		18				
Gott								14		24	
groß		26	44	21	18	26	45	24	35	19	37
grün								11			
gut		36	26	16	17	32	57				22
Haus		37	24	16					39		17
X Hausaufgabe					79			29			
heißen									15		
helfen						19					
Herr					16	23			15	10	
heute	A		20	17		19		18		10	
hoch			22		14						
holen					10		27				
hören						16			18	13	
Hund		22			16				17		22
immer	A		20	27	13			11			19
X insgesamt					35						
Jahr		32	21		15					10	25
jetzt	A					26	37		17	11	32
X Juli				14							
Junge									26		
Karte					10						
Katze									18		
Kind		44	36			28	58	21	19	10	31
klein		34	24	17	25	19	22	14	24		41
X knallen				18		16					
kommen		54	70	47		40	39	19	38	30	39
kosten			30		12						
X Körper								12			
kurz										11	
lang			49	14	18			17	16		27
Land		26								14	
lassen									26		
laufen		27							17		
lesen			35				44		33	12	
lieb					11	15			23		
liegen			24	20	26	10	17	27	18	17		21
Liter				25		15					
X lügen					17						

		1	2	3	4	5	6	7	8	9	10
lustig							24				
machen		56	39	32	14	39	42	12	33	14	23
mal	A			19							
Mann			20						22	13	
männlich							22				
mehr	A				11			17	20		
meinen				21		15					
Mensch										18	
Meter			23								
Monat					13						
Milch											25
Mutter		37	24	18		30		29	16	20	36
nehmen							34		20	14	
neu								20			
nicht	A	109	57	69	22	106	115	33	89	32	
noch	A	23	48	44	34	24	32	16	19	16	35
X Nomen					16						
X Note								11			37
nun	A	24		14			27	18		14	
nur	A		23	14	12	19	26	11		11	32
X Oma							29				
X Person											17
Pferd			20						16		19
X Probe			22		40						
X Rechnung				80	165						44
Rest							27				
rot			20								28
rufen			30			20	25				
X sächlich							24				
sagen			68	39	54		66	42	14	49	14	58
X Schall									13		
schauen				17		19					
X Schein			25								
schicken			21								
schieben						19					
schlafen			28								
Schnee					14						
schnell			23					15			18
schon	A			21		19		20	19	14	29
schön			22	15		19	31	15	20		
schwimmen			26								
schreiben			19	25	14		27	44			12	24
schreiben								25			
Schrift									12		21
schwer						11					
sehen			33	29	17	14	38	34		29	20	53
sehr	A	20				13	27	24	16	30	
Seite				23						14	
singen							45		17		
sitzen											22

			1	2	3	4	5	6	7	8	9	10
	so	A	28	44	23		27	41	18	39	14	
X	spähen						18					
	Spiel						19					
	spielen		47	38	24		26			16		17
	sprechen				15							
	springen		19									
	Stadt						15	33		16		
	stehen		29	24	22		24	30	14	19	14	39
X	stieren				16							
	Straße				20					21		18
X	Strecke			21								
	Stunde			25		11						30
	suchen		21									
	Tag		33	33	18	23	18	26	12	46	19	35
	Tisch								14			
	tragen							25				
	treffen				18		18					
	trinken		26									
	tun										11	
	üben							25				
X	Übung							56				
	Uhr				23		15	33				
	Vater		34	32						26	13	29
X	Verb					13						
X	Verbesserung							55		23		
	verkaufen					11						
	Volk										12	
	Wasser			50		11				27	10	29
X	Wemfall							33				
X	Wenfall							42				
	Wetter							22				
	wieder				24				17	18	10	
	wissen		22		15		20					20
	Woche					13						
	Wort			22		13		27	11			
	Zahn			27								
	Zeit										17	

Klaus R. Wagner/Gabriel Altmann/Reinhard Köhler

ZUM GESAMTWORTSCHATZ DER KINDER

1. Einführung

Kindersprache ist ein Spezialfall des Phänomens Sprache und als solche muß sie den gleichen Gesetzen folgen wie die Sprache der Erwachsenen. Gelingt es uns, diese Gesetze zu finden, dann muß es möglich sein zu zeigen, daß sich die Kindersprache nur durch spezielle Werte der Parameter dieser Gesetze auszeichnet. Unter Sprachgesetzen verstehen wir solche hypothetischen Aussagen, die aus Annahmen, Axiomen, Gesetzen oder Theorien abgeleitet und empirisch befriedigend bestätigt wurden, in einem Bereich allgemeingültig sind und zu einem System von derartigen Aussagen gehören (vgl. Bunge 1967, S. 361).

Im Bereich der Entwicklung der Kindersprache ist wenig "Gesetzesartiges" bekannt. Die Forschung hat sich zunächst auf die Sammlung empirischer Daten beschränkt, ohne die man Hypothesen weder aufstellen noch überprüfen kann. In der ersten Hälfte dieses Jahrhunderts hat man mit verschiedenen Testverfahren versucht, den Wortschatz bestimmter Altersstufen zu schätzen. Zwei Hauptbereiche sind dabei zu unterscheiden: der passive Wortschatz (vocabulary of recognition) und der aktive Wortschatz (vocabulary of use). Eine Übersicht über diese frühen Arbeiten gibt die folgende Tabelle 1 aus Seashore/Eckerson (1940). Wir beschränken uns dabei auf die Werte für das 5., 6. und 7. Schuljahr weil auch unser Beispiel-Kind aus dieser Altersstufe stammt: Christiane ist 12 Jahre 2 Monate alt und besucht die 6. Klasse eines Gymnasiums, u.z. im ersten Drittel des Schuljahres.

(Tabelle 1 siehe Seite 129)

An diesen frühen Schätzungen fällt auf, wie sehr ihre Werte sich in Größenordnungen bewegen, die auch mit heutigen sprachstatistischen Verfahren erreicht werden. Außerdem fallen die Schätzungen auf der Grundlage von passivem Wortgebrauch (recognition-Typ) deutlich höher aus als die mit aktiven Ausgangsdaten (use-Typ). Im Bereich der Wortschatzforschung werden verschiedene

Tabelle 1: Frühe Arbeiten zum Wortschatz der 10 - 14jährigen

Author	Date	Basis of estimate	Kind of test	Grammar school 5	6	7
Kirkpatrick, E.A.	1891 1907	Webster's Academic Dictionary 25.000 words	Checking resognition	7.860	8.700	10.666
Doran, E.W.	1902	International Dictionary Abridged	Checking recognition	...	11.634	13.675
Bonser, F.G. Burch, L.H. Turner, M.R.	1915	Webster's Academic Dictionary 25.000 words Webster's Elementary School Dictionary; 44.000 words	Checking recognition	10.886 Gr. A Gr. B	13.216 21.643 17.600	17.038 30.184 26.520
Terman, L.	1916	Laird and Lee's Webster's vest-pocket dictionary; 18.000 words	Oral-definition Use	5.400 MA 20	...	7.200 MA 12
Brandenburg, C.C.	1918	Webster's Academic Dictionary 28.000 words	Definition Use	8.207	9.613	11.445
Holley, C.E.	1919	.....	.....	6.030	7.470	8.478
Symonds, P.M.	1926	E.L. Thorndike's Test of 1921 based on his Word Book	5-choice recognition Completion Use	6.000 6.900	7.900 8.900	10.000 10.600
Cuff, M.B.	1930	Webster's Shorter School Dictionary 35.000 words	4-choice recognition	12.460	13.955	14.910

(aus: Seashore/Eckerson 1940, S. 26f)

Arten von Wortschätzen unterschieden:

a) Gebrauchswortschatz

Hier geht es um die Frage, welche Wörter gebraucht ein Kind einer bestimmten Altersstufe (Wagner 1974, S. 284ff.) Von der 12jährigen Christiane haben Gabriele Pagels und Susanne Gasse ein Korpus spontaner Sprechsprache aufgenommen und transkribiert, daß 13 500 laufende Wörter (tokens) und 2 000 verschiedene Wörter (Wortformentypes) umfaßt.

b) aktiver und passiver Wortschatz

Beim Gebrauchswortschatz ist zunächst an den aktiven Wortschatz gedacht, den ein Kind mündlich oder schriftlich äußert. Rechnet man aber nicht nur Sprechen/Schreiben, sondern auch 'Verstehen' in Hören/Lesen zum Sprachgebrauch, dann gibt es auch einen passiven Gebrauchswortschatz. In der Regel wird jedoch der passive Gesamtwortschatz geschätzt bzw. hochgerechnet.

c) Grundwortschatz

Unter 'Grundwortschatz' versteht Kühn (1979, S. 23) "einen systematisch reduzierten Wortschatz einer Sprache", der für unterschiedliche Zwecke zusammengestellt/ausgewählt wurde. Dies läßt sich auch an den verschiedenen Bezeichnungen ablesen: Grundwortschatz (Schmidt), Mindestwortschatz (Steger); Minimalwortschatz (Tarnoczi) u.a. (a.a.O.). Im Bereich der Kindersprachforschung handelt es sich hauptsächlich um pädagogisch-didaktische Wortschätze, die von Sprachdidaktikern für den Sprach- und Rechtschreibunterricht zusammengestellt wurden (Hesse/Wagner 1985). Da Grundwortschätze in der Regel aus mehreren Quellen zusammengestellt wurden, kann man sie auch als 'synthetische' Wortschätze bezeichnen. Gegenüber den Gebrauchswortschätzen, die den Ist-Stand des Wortschatzerwerbs angeben, lassen sich die Grundwortschätze als Soll-Wortschätze begreifen. Sie enthalten diejenigen Wörter, die als förderlich für den Sprach- und Schreiblernprozeß angesehen werden.

d) Gesamtwortschatz

Das Problem besteht darin, durch bestimmte Schätzungen (ältere Methode) oder durch bestimmte Berechnungen (neuere Methode) von einem begrenzten Gebrauchswortschatz ausgehend auf die Gesamtheit aller Wörter zu schließen, die ein Kind einer bestimmten Altersstufe beherrscht. Wird dabei vom passiven Gebrauchswortschatz ausgegangen, dürften die Werte für den Gesamtwortschatz größer ausfallen, als beim aktiven Gesamtwortschatz (vgl. auch Tabelle 1 aus Seashore/Eckerson).

Mit der Methode von Seashore/Eckerson kam M.K. Smith (1941, S. 339) zu verhältnismäßig hohen Werten: 39 000 bis 60 000 Wörter beim passiven Gesamtwortschatz der 12jährigen, im Durchschnitt 52 000 Wörter. Augst (in: Augst/Bauer/Stein 1977, S. 12ff) fand die Größenordnung für seine Vp. (einen Sechsjährigen) bestätigt: 26 981 Wörter.

Wie die Spalte 3 in Tabelle 1 ('Basis of estimate') belegt, beruhen fast alle frühen Arbeiten zum Gesamtwortschatz der Kinder auf Erwachsenen-Wörterbüchern, aus denen den Test-Kindern bestimmte Wörter vorgelegt wurden.

Dies ist besonders hinsichtlich des aktiven Wortschatzes kein befriedigender Zustand. Durch die Entwicklung des Tonbandgerätes in den 50er Jahren ergab sich dann die Möglichkeit, Datenmaterial nicht durch Abfragen nach Wörterbüchern, sondern durch Aufnahmen spontaner Sprechsprache zu gewinnen. Wagner machte 1972 eine erste Tagesaufnahme einer 9;7jährigen (ders. 1974/75) und erhielt ein Korpus von 28 000 laufenden Wörtern (tokens) und 3 825 verschiedenen Wörtern (types), in denen auch sämtliche paralinguistischen types (574) enthalten sind. Anhand der Kurve "Zuwächse neuer types je Hunderter tokens" (a.a.O.S. 385) errechnete er einen Gesamtwortschatz von 4 755 types (= 2 566 Grundformentypes (S. 298 ff)). Er ging dabei von der zu einfachen Annahme aus, daß die Kurve der neuen types in ihrem letzten Teil relativ gradlinig verläuft. Allerdings gibt er zu bedenken, "daß das Absinken der Kurve neuer types auf Null nicht bedeutet, daß nun überhaupt keine neuen types mehr vorkommen werden. Demnach dürfte der Gesamtwortschatz eher wieder etwas größer sein" (S. 301). Dieses "etwas größer" erweist sich unter den hier angestellten Berechnungen immer noch als zu klein.

Bei der Ermittlung der Regularitäten der Entwicklung der Kindersprache ergeben sich einige Probleme. Als erstes braucht man zahlreiche Wortschatzuntersuchungen von Kindern verschiedenen Alters und in verschiedenen Sprachen, wobei die ceteris paribus-Bedingung ein besonders schwieriges Problem darstellt, denn es müßte gewährleistet sein, daß für alle untersuchten Kinder die gleichen Bedingungen gelten (Intelligenz, Milieu, Schule u.a.).

Ein weiteres Problem besteht darin, daß man den Wortschatzumfang nur schätzen, nie aber exakt ermitteln kann. Bei den Erwachsenen ist dies leichter, da man hier annimmt, daß alle Erwachsenen mit einer Toleranz von einigen Hunderten von Wörtern den gleichen Wortschatzumfang (nicht unbedingt den Wortschatz selbst) haben.

Etwas problematisch ist diejenige Forschungsrichtung, in der man versucht, den passiven Wortschatzumfang eines Schriftstellers aus seinen Texten zu schätzen. Da man z.B. bei Shakespeare drastisch unterschiedliche Resultate für einzelne Texte bekommt, muß man, um den Resultaten eine Relevanz zu verleihen, den Anspruch etwas reduzieren und sucht nach dem Wortschatz, den der Verfasser für die Erzeugung des gegebenen Textes zur Verfügung stellte und nur teilweise nutzte. Auch eine derartige Fragestellung ist nicht exakt genug, weil man im Unklaren läßt, was man mit "zur Verfügung stellen" meint.

Zur Schätzung des Wortschatzumfangs aus Texten haben sich mehrere Methoden entwickelt:

(1) Der Text wird korrekt als ein stochastischer Prozess betrachtet, aus dem sich sowohl die theoretischen Häufigkeitsverteilungen als auch die Formeln für den geschätzten Wortschatzumfang ergeben. Die Zukunft wird sicherlich den stochastischen Prozessen gehören, vorläufig arbeiten sie aber mit nichtlinguistischen Annahmen und liefern demnach auch schwer linguistisch interpretierbare und stellenweise offensichtlich falsche Resultate (vgl. Simon 1955, Haight & Jones 1974, Lánský & Radil-Weiss 1980, Gani 1975, Brainerd 1972, McNeil 1973) bzw. Resultate, die schwer vertretbar sind.

(2) Eine andere Methode untersucht die Häufigkeitsverteilung der Wörter im Text (f_x = Zahl der Wörter, die x-mal vorkommen) und versucht, diese Verteilung als eine gestutzte negative Binominalverteilung oder eine Poisson-Lognormalverteilung zu modellieren. Die Methode kommt aus der Biologie, Ökologie und Ethologie, wo man aus den anwesenden Tierarten auf die Zahl der abwesenden zu schließen versucht (vgl. Engen 1974, Preston 1948, Holgate 1969, Bulmer 1974, Good 1953, McArthur 1957, Fisher & Cobert & Williams 1943). Diese Modelle haben sich zwar in den gegebenen Gebieten bewährt, aber es wurde bisher weder begründet, warum Worthäufigkeiten negativ binominal oder Poisson-logarithmisch verteilt sein sollen, noch gezeigt, daß diese Modelle tatsächlich geeignet sind. Auch hier steht ein Untersuchungsweg offen.

(3) Die Linguisten selbst haben vor allem versucht, Aspekte des Informationsflusses mit Hilfe des Type-Token Verhältnisses als eine auf verschiedene Arten begründete Kurve oder Verteilung darzustellen (vgl. Herdan 1966, Müller 1971, Yule 1944, Tuldava 1980, Orlov & Boroda & Nadarejšvili 1982, Nešitoj 1975, Kalinin 1964, 1965 u.a.), wobei besonders bei den theoretishen Ansätzen linguistisch relevante Resultate erfolgten.

Wir werden uns hier auf das dritte Verfahren beschränken und zeigen einige theoretische Perspektiven.

2. Wortschatz der Kinder

Das Dortmunder Korpus der Kindersprache verdankt seine Entstehung der Beobachtung, daß Kinder leicht beeinflußbar sind und daß ihre Sprachproduktion in Abhängigkeit von der Spracherzeugungssituation variiert. Um also unverstellte, spontane Sprachproben zu erhalten, haben wir folgende Aufnahmeanordnung ge-

wählt: Die Kinder trugen einen Mini-Mikrofon-Sender und waren dadurch nicht an ein stationäres Mikrofon gebunden, sondern frei in ihren Bewegungsimpulsen. Dies ist ungeheuer wichtig für Arbeiten, die spontane Kindersprache gewinnen, analysieren und beschreiben wollen. Im Umkreis von 300 Metern um die Aufnahmegeräte (Empfänger und Tonbandgerät) konnten die Kinder sich frei bewegen, spielen, Gummitwistspringen, auf Bäume klettern, Gocart fahren u.v.a..
Transkribiert haben wir im Kommunikationsrahmen: Alle Äußerungen der Vp. wortwörtlich auch die paralinguistischen; alle Partneräußerungen wörtlich, sofern sie die Vp. betreffen, sonst abgekürzt; genaue Angaben zur Kommunikationssituation (Ort, Zeit, Handlung, besondere Umstände).

Aufgenommen haben wir von jedem Kind eine möglichst lange, lückenlose, kontinuierliche Sequenz, derer Dauer von 2 1/2 Stunden bis zu einem ganzen Tag (13 Stunden) reicht. Die 2 1/2stündige Aufnahme ergab einen Wortschatz von 6 500 Wörtern (tokens), die Tagesaufnahme von 28 000 tokens. Zur Zeit umfaßt das Dortmunder Korpus 13 Teilkorpora von Kindern im Alter von 1;5 bis 14;10 Jahren. Es hat einen Gesamtwortschatz von 180 000 tokens. Von den meisten Teilkorpora bestehen inzwischen auch Belegstellenverzeichnisse mit Häufigkeitsangaben zu den Wortformentypes.

(Tabelle 2 siehe Seite 134)

In der üblichen Textanalyse versteht man unter dem Wortschatz eines <u>Textes</u> die <u>Anzahl unterschiedlicher Lexeme</u> im Text. Man kann sie entweder einfach durch Abzählen ermitteln oder so, daß man den Zuwachs neuer Wörter im Laufe des Textes beobachtet, diesen Verlauf mit einer Kurve erfaßt und eine Voraussage für die Gesamtlänge des Textes, (die theoretisch unendlich sein kann), durchführt.

Bei der Analyse der spontanen Sprechsprache gibt es keine Gesamtlänge des Textes, es gibt nur zeitliche Abschnitte. Weiter geht es uns nicht nur um die Zahl der beobachteten (bzw. im Text voraussichtlich enthaltenen) unterschiedlichen Wörter, sondern auch um den passiven Wortschatz, der im gegebenen Zeitabschnitt nicht verwendet wurde. Der Wortschatz eines Textes unterscheidet sich also von einer Sequenz spontaner Sprechsprache, da der letzte auch den im gegebenen Zeitabschnitt nicht verwendeten Wortvorrat einschließt.

Um den gesamten Wortschatz eines Kindes abzuschätzen, verfahren wir folgendermaßen: Wir zählen in der Sequenz der transkribierten Äußerungen des Kindes

Tabelle 2: Übersicht über das Dortmunder Korpus (Stand 1985)

Versuchsperson	Alter	Versuchsleiter	Dauer der Sequenz in Min.	Wörter (tokens)
Katrin	1;5	Schwarze	202	3 881
Nicole	1;8	Kadatz	241	3 907
Andreas	2;1	Wahner	213	5 978
Carsten	3;6	Hoffmann-Kirsch	189	9 891
Gabi	5;4	Brinkmann	152	6 464
Frederik	8;7	Häusermann	193	6 630
Roman	9;2	Otto	311	10 524
Kai	9;6	Corzillius/Landkröner/Koort	869 (1 Tag)	25 401
Teresa	9;7	Wagner	804 (1 Tag)	28 142
Regina	10;7	Giljohann	ca.1430 (6 Schulvormittage)	37 547
Markus	11;4	Brunner	188	9 703
Christiane	12;2	Pagels/Gasse	430	13 484
Axel	14;10	Vette	254	8 062
			SS 5 476 (≈ 91 Std.)	169 614

die ersten 100 Wortformen (tokens) ab und bezeichnen die Zahl der unterschiedlichen Lexeme (types oder Wortformentypes) als f_1; dann zählen wir bei den tokens 101 bis 200 die neuen Types ab und erhalten f_2 usw. Auf diese Art erhalten wir die Daten wie in der Tabelle 3 für Kind Christiane dargestellt. Dabei ist zu beachten, daß das Korpus Christiane aus den beiden Teilkorpora Pagels (Korpus 1) und Gasse (Korpus 2) besteht. Die beiden Vll. haben insgesamt eine kontinuierliche Sequenz von 430 Minuten aufgenommen, die sie sich dann geteilt haben (wegen der Bearbeitungsfrist für Staatsarbeiten). Für jedes Teilkorpus wurde nun eine getrennte Liste nach dem Vorkommen neuer types je Hunderter tokens erstellt, um die hochgerechneten Werte besser vergleichen zu können.

(Tabelle 3 siehe Seite 135)

Tabelle 3: Teilkorpora für Christiane, Alter 12 Jahre und 2 Monate (Aufnahmen von G. Pagels und S. Gasse)

Hunderter (tokens x)	Neue types Korp.1 (Pagels) fx	Neue types Korp.2 (Gasse) fx	Mittelwert	berechnete Werte	Hunderter (tokens x)	Neue types Korp.1 (Pagels) fx	Neue types Korp.2 (Gasse) fx	Mittelwert	berechnete Werte
1	62	55	58,5	52,55	30	19	14	16,5	14,17
2	41	18	29,5	40,23	31	22	15	18,5	13,99
3	43	32	37,5	34,41	32	19	10	14,5	13,82
4	43	23	33,0	30,80	33	16	13	14,5	13,66
5	23	7	15,0	28,26	34	8	11	9,5	13,50
6	32	14	23,0	26,34	35	25	14	19,5	13.35
7	43	19	31,0	24,83	36	12	14	13,5	13,21
8	23	18	20,5	23,58	37	20	10	15,0	13,07
9	32	20	26,0	22,53	38	24	8	16,0	12,93
10	36	16	26,0	21,64	39	18	8	13,0	12,81
11	27	23	25,0	20,68	40	20	7	13,5	12,68
12	30	14	22,0	20,17	41	13	3	8,0	12,56
13	25	25	25,0	19,56	42	15	9	12,0	12,44
14	16	8	12,0	19,01	43	21	4	12,5	12,33
15	17	33	25,0	18,51	44	22	6	14,0	12,22
16	29	6	17,5	18,05	45	20	0	10,0	12,12
17	17	14	15,5	17,64	46	15	5	10,0	12,02
18	17	15	16,0	17,25	47	15	1	8,0	11,92
19	26	12	19,0	16,90	48	21	5	13,0	11,82
20	23	15	19,0	16,56	49	12	3	7,5	11,73
21	13	12	12,5	16,26	50	19	3	11,0	11,64
22	22	19	20,5	15,97	51	18	9	13,5	11,55
23	21	11	16,0	15,70	52	19	3	11,0	11,46
24	21	12	16,5	15,44	53	17	4	10,5	11,38
25	10	7	8,5	15,20	54	18	5	11,5	11,30
26	10	6	8,0	14,97	55	10	5	7,5	11,22
27	28	15	21,5	14,76	56	9	16	12,5	11,14
28	23	5	14,0	14,55	57	18	7	12,5	11,06
29	17	8	12,5	14,35					

Für die Tabelle 3 bedeutet x die Zahl der tokens der Sprechsprache von dem $[100(x-1)+1]$-tem token bis zu dem 100x-ten token. So ist z.B. in der Tabelle die fünfte Zeile, Korpus 1 folgendermaßen zu lesen: "In dem fünften Hunderter (d.h. von 401 bis 500) ihrer tokens hat Christiane 23 neue types gebraucht".

Die beiden Teilkorpora unterscheiden sich beträchtlich und liefern auch unterschiedliche Resultate. Da Korpus 2 nur einen Umfang von 57 Hundertern (tokens) hat, haben wir Korpus 1 in der Tabelle 3 auch auf diesen Umfang gekürzt. Die Rechnung (im Text weiter unten) wurde jedoch aufgrund von Korpus 1 mit 79 Hundertern (tokens) durchgeführt.

Das Anwachsen der neuen types könnte man natürlich auch kumulativ darstellen, wir werden jedoch bei der obigen Darstellung bleiben.

Zur Erfassung des Verlaufs dieser Folge wurden zahlreiche Modelle aufgestellt (s. Punkt (3) oben), wir lehnen uns an die Tatsache an, daß die meisten Eigenschaften der Sprache, besonders im Bereich des Wortes, der Beziehung

$$d(\ln y) = bd(\ln x) \qquad (1)$$

folgen, die als Menzerathsches Gesetz bekannt ist (s. Glottometrika 1 - 6; Köhler 1985) und zu der Funktion

$$y = ax^b \qquad (2)$$

führt. In unserem Fall ist Y die Zahl unterschiedlicher types, und X die Zahl der tokens. Nach Tuldava (1980) ist diese Beziehung nur bei kleinen Textumfängen geeignet, aber gerade um solche handelt es sich in unserem Fall.

Schätzen wir die Parameter a und b in (2) mit der Methode der kleinsten Quadrate ab, so erhalten wir für Christiane (Korpus 1 ungekürzt)

a = 74.95
b = -0.4481

und einen F-test mit F (1,76) = 41.56, was mit einer Wahrscheinlichkeit P= $9.5 \cdot 10^{-9}$ eine gute Anpassung liefert.

Aus diesem Resultat läßt sich der Wortschatz von Christiane folgendermaßen abschätzen: Wir extrapolieren bis zu dem Punkt x_c, wo der Wert von y (= neue types) bereits kleiner als 1 ist, d.h. wo weniger als 1 neues type pro hundert tokens hinzukommt. Für (2) ist es also

$$ax_c^b < 1,$$

woraus sich

$$x_c > a^{-1/b} \qquad (3)$$

ergibt. In unserem Fall ist es
$$x_c > (74.95)^{1/0.4481} = 15269.48$$
d.h. bei einer Textlänge von 15269 Hunderter von tokens wird Christiane keine neuen types mehr einführen (Wagner 1974, S. 299ff). Die Zahl aller types bis zu dieser Textlänge ergibt sich approximativ als

$$\text{Wortschatz} = \int_1^{x_c} ax^b dx = \frac{a}{1+b}(x_c^{1+b} - 1) \quad (4)$$

was in unserem Fall

$$\text{WS (Christiane)} = \frac{74.95}{1-0.4481}(15269.48^{1-0.4481} - 1) = 27531.31 \text{ ergibt.}$$

Verbessert man die Anpassung iterativ, so erhält man mit a = 60,86, b = -0,3541 einen Wortschatz WS = 169079. Das Korpus 2, das schon 'optisch' ganz anders aussieht als Korpus 1, ergibt nach der Anwendung einer Optimierungsmethode einen vorausgesagten Wortschatz von WS = 7126 Wortformentypes. Diese große Diskrepanz ist durch die sehr große Fluktuation der neuen types in den Stichproben verursacht. Es wäre ratsam, zahlreiche Stichproben zusammenzufassen, um den Werteverlauf zu stabiblisieren. Da die Gewinnung neuer Korpora sehr mühsam ist, haben wir in Spalte 2 der Tabelle 3 die beiden Korpora gemittelt und aus diesen den Wortschatz berechnet. Es ergab sich eine Kurve mit a = 52,55, b = 0,3854 (vgl. letzte Spalte der Tabelle 3) und ein Wortschatz von WS = 47321 Wortformentypes. Weitere Stichproben von Christiane würden den Kurvenverlauf sicherlich stabilisieren.

In der Tabelle 4 sind die Resultate der Untersuchung an einigen anderen Kindern zusammengefaßt.

Tabelle 4: Parameter der Kurve und die geschätzten Wortschatzufänge von Kindern im verschiedenen Alter

Kind	Alter	a	b	WS
Katrin	1;5	36,65	- 0,4741	3717
Andreas	2;1	29,10	- 0,3751	12754
Gabi	5;4	54,66	- 0,5326	3800
Frederik	8;7	50,40	- 0,3599	83953
Regina	10;7	57,09	- 0,4424	16653
Christiane	12;2	52,55	- 0,3854	47321

Sämtliche Teilkorpora (1 - 13) des Dortmunder Korpus (vgl. Tabelle 2) sollen abschließend bearbeitet werden, wenn alle Daten auf Datenträgern verfügbar sind.

3. Ein theoretischer Ansatz

Auch wenn die Resultate kein monotones Wachstum mit steigendem Alter aufweisen, kann man sich Gedanken über das Wachstum des Wortschatzes machen. Die Abweichungen in dem monotonen Verlauf kann man (1) der stärkeren oder schwächeren Kreativität des Kindes bei der Bildung neuer Formen zu vorhandenen Lexemen und (2) der Intensität der sozialen Kontakte - ein Sammelbegriff, unter den wir alle äußeren Einflüsse subsumieren können - zuschreiben. Dies sind eben die ceteris paribus-Bedingungen, die bei der Messung des Wortschatzes nicht erfüllt sind.

Würden wir jedoch sehr viele Kinder untersuchen, so würden wir feststellen, daß die Entwicklung ihres Wortschatzes folgendermaßen verläuft:

Am Anfang wächst der Wortschatz langsam, dann beschleunigt sich der Prozess in dem Maße wie soziale Kontakte und Kreativität anwachsen, und zum Schluß, im sprachlich "erwachsenen" Alter, verlangsamt es sich wieder, da man das gesamte Vokabular der Sprache langsam erschöpft. Dies entspricht einem "sigmoiden" Verlauf etwa der Form

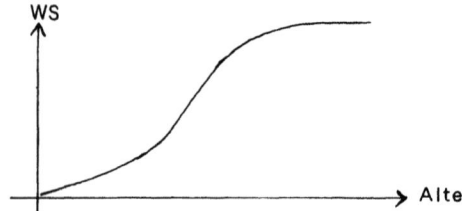

die sich vom Kind zu Kind unterscheidet, aber im allgemeinen diese Form hat. Bei der Ableitung dieses Verlaufs gehen wir von folgenden Annahmen aus:

(1) Der Wortschatz wächst proportional zu dem bereits vorhandenen Wortvorrat, da das Kind immer sprachlernfreudiger wird. Je mehr Wörter es kennt, desto leichter und häufiger verbindet es sie und ahmt das Sprachverhalten anderer nach, mit denen es immer häufiger in Kontakt kommt. Bezeichnen wir das Anwachsen des Wortschatzes als y' (d.h. dy/dt), dann können wir diese Annahme als

$$y' \sim y$$

oder als $y' = ay$ (5)

ausdrücken.

Die Lösung dieser Differentialgleichung deutet auf ein exponentielles Wachstum hin, nämlich

$$y = Ce^{at} \tag{6}$$

was nur in der Kindheit der Fall sein kann, da eine Sprache nicht unendlich viele Wörter hat.

(2) Der Wortschatz der Sprache ist also endlich. Einen großen Teil lernt das Kind sehr schnell, jedoch je mehr Wörter es kennt, desto kleiner wird die Menge derer, die es noch lernen kann. Zum Schluß sind es nur noch sehr spezielle Wörter, deren Erlernen sich in dem Maße verlangsamt, je mehr der Wortschatz der Sprache erschöpft ist. Bezeichnen wir den Umfang des Wortschatzes der Sprache als N, so können wir diese Annahme als

$$y' \sim N - y \tag{6}$$

schreiben. Zusammen mit (5) erhalten wir dann

$$y = ay(N-y). \tag{7}$$

Die Lösung dieser Differentialgleichung ergibt

$$y = \frac{N}{1 + e^{-N(at+b)}} \tag{8}$$

$$= \frac{N}{1+Ae^{-bt}} \tag{8}$$

das das Piotrowski-Gesetz darstellt und den oben angedeuteten sigmoiden Verlauf hat (vgl. Altmann, von Buttlar, Rott, Strauß 1983).

Interessiert uns jedoch der <u>Wortformenreichtum</u>, d.h. der Reichtum an Wortformentypes, der einen Aspekt der sprachlichen Kreativität darstellt, so reicht es, den rechten Teil von (7) mit einem Koeffizienten zu multiplizieren, der die durchschnittliche Formenvielfalt einer Sprache darstellt (Deklinations-, Konjunktions-, Steigerungs- und andere Formen). Ist dieser Koeffizient konstant, so bleibt die Gleichung unverändert. Ist er aber vom Alter abhängig, - was sich empirisch feststellen ließe-, so erhielten wir

$$y' = b_t ay(N - y) \tag{9}$$

mit der Lösung

$$y = \frac{Ne^{Na \int b_t dt}}{1 + e^{Na \int b_t bt}}$$

$$= \frac{N}{1 + e^{-Na \int b_t dt}} \tag{10}$$

deren konkrete Form von der Funktion b_t abhängt.

Man kann vorläufig annehmen, daß Kurve (10) steiler anwächst als Kurve (8), weil die Zahl der Formen immer größer ist als die Zahl der zugrundeliegenden Wörter. Der konkrete Verlauf von (8) und (10) ließe sich nur durch Untersuchungen an zahlreichen Kindern aller Altersstufen und Sprachzugehörigkeiten ermitteln. Seine Kenntnis würde es uns aber leichter machen, diejenigen sozialen und individuellen Faktoren aufzuspüren, die eine Abweichung von der Kurve verursachen.

Wäre unser explorative Verfahren in § 2 korrekt, dann müßte WS in (4) genau dem y in (8) und (10) entsprechen. Die Abweichungen könnte man gewissen Faktoren zuschreiben; auf jeden Fall wüßte man aber, daß in einem gegebenen Fall Abweichungen vorhanden sind. Dieses Problem wird erst später untersucht werden können, wenn umfangreichere Datensammlungen (auch aus anderen Sprachen) vorliegen.

Literatur:

Altmann, G./Buttlar, H.v./Rott, W./Strauß, U. (1983): A law of change in language. In Brainerd, B. (Ed.): Historical Linguistics. Bochum, (104 - 115)

Augst, G./Bauer, A./ Stein, A. (1977): Grundwortschatz und Idiolekt. Empirische Untersuchungen zur semantischen und lexikalischen Struktur des kindlichen Wortschatzes. Tübingen

Brainerd, B. (1972): On the relation between types und tokens in literary texts. Journal of Applied Probability 9 (507 - 518)

Bulmer, M.G. (1974): On fitting the Poisson lognormal distribution to species-abudance data. Biometrics 30 (101 - 110)

Bunge, M. (1967): Scientific research I. Berlin

Engen, S. (1974): On species frequency models. Biometrika 61 (263 - 270)

Fisher, R.A./Corbet, A.S./Williams, C.B. (1943): The relation between the number of species and the number of individuals in a random sample from one animal population. Journal of Animal Ecology 12 (42 - 58)

Gani, J. (1975): Stochastic models for type counts in a literary text. In: Gani, J. (Ed.), Perspectives in Probability and Statistics. London, (313 - 323)

Glottometrika 1 - 6 (1979 - 1984) Bochum

Good, I.J. (1953): The population frequencies of species and the estimation of population parameters. Biometrika 40 (237 - 264)

Haight, F.A./Jones, R.B. (1974): A probabilistic treatment of qualitative data with special reference to word association tests. In: Journal of mathematical psychology 11 (237 - 244)

Herdan, G. (1966): The advanced theory of language as choice and chance. Berlin

Hesse ,H./Wagner, K.R. (1985): Der Grundwortschatz der Primarstufe. Dorsten

Holgate, P. (1969): Species frequency distributions. Biometrika 56 (51 - 60)

Kalinin, V.M. (1964): Nekotorye statističeskie zakony matematičeskoj lingvistiki. Problemy kibernetiki 2 (245 - 255)

Kalinin, V.M. (1965): Funkcionaly, svjazannye s raspredeleniem Puassona, i statističeskaja struktura teksta. Trudy matematičeskogo instituta im. Steklova 29 (182 - 197)

Kühn, P. (1979): Der Grundwortschatz. Bestimmung und Systematisierung. Tübingen

Köhler, R. (1985): Die Selbstregulation der Lexik. Diss. Bochum

Lánský, P./Radil-Weiß, T. (1980): A generalization of the Yule-Simon model, with special reference to word association tests and neural cell assembly formation. In: Journal of mathematical psychology 21 (53 - 65)

McArthur, R.H. (1957): On the relative abundance of bird species. Proceedings of the National Academy of Sciences 43 (193 - 195)

McNeil, D.R. (1973): Estimating an author's vocabulary. Journal of the American Statistical Association 68 (92 - 96)

Müller, W. (1971): Wortschatzumfang und Textlänge. Eine kleine Studie zu einem vielbehandelten Problem. Muttersprache 81 (266 - 276)

Nešitoj, V.V. (1975): Dlina teksta i ob' em slovarja. Pokazateli leksičeskogo bogtastva teksta. In: Metody izučenija leksiki. Minsk, BGU (110 - 118)

Orlov, Ju.K/Boroda, M.G./Nadarejsvili, I.S. (1982): Sprache, Text, Kunst. Quantitative Analysen. Bochum

Preston, F.W. (1948): The commonness and rarity of species. Ecology 29 (254 - 283)

Seashore, R.H./Eckerson, L.D. (1940): The measurement of individual differences in general english vocabularies. In: Journal of educational psychology 31 (14 - 38)

Simon, H.A. (1955): On a class of skew distribution functions. Biometrika 42 (425 - 439)

Smith, M.K. (1941): Measurement of the size of general english vocabulary through the elementary grades and high school. In: Genetic Psychology Monographs 24 (311 - 345)

Tuldava, Ju. (1980): K voprosu ob analitičeskom vyraženii svjazi meždu ob'emon slovarja i ob'emom teksta. In: Lingvostatistika i kvantitativnye zakonomernosti teksta, Tartu (113 - 144)

Wagner, K.R. (1974): Die Sprechsprache des Kindes, Bd. 1: Theorie und Analyse. Sprache und Lernen Bd. 37, Düsseldorf

-,- (1975): Die Sprechsprache des Kindes, Bd. 2: Korpus und Lexikon. Sprache und Lernen Bd. 38, Düsseldorf

-,- (1981): Wieviel sprechen Kinder täglich? In: Wirkendes Wort, 31 (17 - 28) Englische Fassung: How much do children say in a day? In: Journal of Child Language (1985), 12 (475 - 487)

Williams, C.B. (1970): Style and Vocabulary: Numerical Studies. London

Yule, G.U. (1944): The statistical study of literary vocabulary. Cambridge

Marianne und Klaus R. Wagner

ZUR ENTWICKLUNG DES KINDERWORTSCHATZES VON 1900 BIS 1980

Sprechen unsere Kinder heute schlechter als früher? Geht es mit der Kindersprache bergab? Diese These vom Verfall der Kindersprache wird mit den veränderten Seh- und Lesegewohnheiten begründet. Die Kinder hocken zu lange vor dem Fernseher und spielen zu wenig, sie verschlingen zu viele Comics und, was dann aus den kleinen Mündern kommt, ist nur noch "Ächz!" und "Würg!"[1]

Die Kindersprachforschung kann diese Meinung nicht kalt lassen. Es kann ihr nicht gleichgültig sein, wie sich eine Sprache entwickelt. Um die Verfalls-These zu überprüfen, bieten sich Vergleiche historischer Kinderwortschätze mit heutigen an. Durch derartige Vergleiche müßte sich doch zeigen lassen, welche Veränderungen in diesem Jahrhundert auf dem Gebiet des kindlichen Wortschatzes vor sich gegangen sind.

1. Historische Kinderwortschätze

Die Quellenlage ist nicht günstig. Die historischen Quellen sprudeln nicht, sie tröpfeln eher.

Clara und William Stern waren mit die ersten, welche die Sprache ihrer Kinder aufgezeichnet und untersucht haben: Hilde (geb. 7.4.1900), Günther (geb. 12.7.1902) und Eva (geb. 29.12.1904) (Stern 1928/65, S. III, 14 und 225ff). Das Material ist bis zum Alter von 3;2 bei Hilde und 2;4 bei Günther in das Standardwerk "Die Kindersprache" (a.a.O. S. 14) eingegangen, - es ist aber bei weitem umfangreicher. Die Sterns haben nämlich die gesamte Sprachentwicklung ihrer Kinder über einen Zeitraum von 15 Jahren in 21 Tagebüchern festgehalten. Diese galten als verschollen und sind erst vor kurzem von Werner Deutsch im Archiv der Hebräischen Universität Jerusalem wiederentdeckt worden. Deutsch plant mit Unterstützung der DFG die Herausgabe des gesamten Materials[2].

Für unseren Vergleich sind die frühen Spracherwerbsstufen nicht besonders ergiebig, weil die Kinder noch nicht lesen können, was wiederum für die These vom negativen Einfluß der Comics wichtig ist.

Folglich beginnen wir mit dem Schuleintritt. Eine Übersicht über die empirischen Kinderwortschätze seit 1900 in den Altersstufen von 6 bis 10 Jahren, bzw. 1. bis 4. Schuljahr gibt Tabelle 1 (vgl. Hesse/Wagner 1985, S. 19 - 39):

Tabelle 1: Übersicht über empirische Kinderwortschätze seit 1900
Alter/
Schuljahr

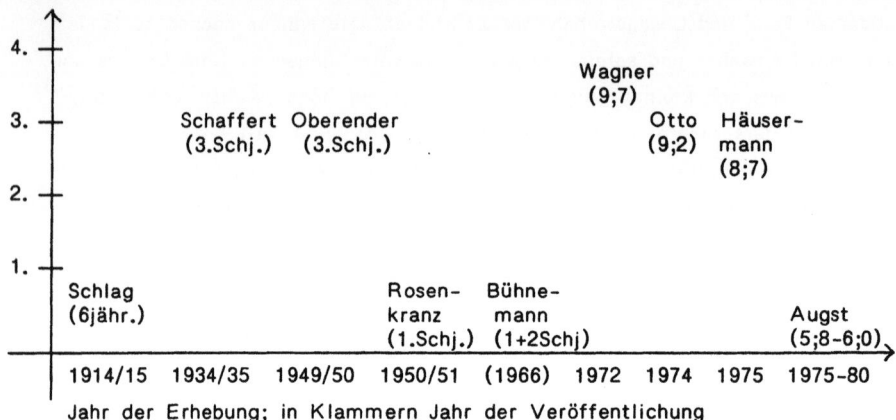

Jahr der Erhebung; in Klammern Jahr der Veröffentlichung

Die umfangreichen Erhebungen von Pregel/Rickheit aus den Jahren von 1966 - 1969 können bei unserem Vergleich leider deswegen nicht berücksichtigt werden, weil noch nicht alle Listen zugänglich sind. Es fehlen vor allem die Wortlisten zur Gruppe 'Sonstige' (der Restklasse neben Nomen, Verben und Adjektiven).

Wie Tabelle 1 zeigt, sind Kinderwortschätze in der ersten Jahrhunderthälfte erstaunlich dünn belegt. Nur Schlag vor dem ersten Weltkrieg ist hier zu nennen, der allerdings eine sehr detaillierte Untersuchung des Wortschatzes zweier Sechsjähriger vorlegt. Schaffert ist der einzige zwischen den beiden Weltkriegen. Er hat seinen Wortschatz selbst nicht veröffentlicht (wegen der Kriegsereignisse?), sondern an Oberender weitergegeben. Nach dem zweiten Weltkrieg sind neben Oberender noch Rosenkranz und Bühnemann zu erwähnen. Bühnemann (1966, S. 444) verwertet die Untersuchungen von Cremer aus den Jahren 1949/50 und von Gläser aus dem Jahre 1965.

Besser belegt ist der Kinderwortschatz erst seit den 70er Jahren. Hier sind vor allem die beiden großen Kindersprachkorpora zu nennen: das BRAUNSCHWEI-

GER KORPUS (Pregel/Rickheit 1975) mit dem Wortschatz gebundener mündlicher Erzählungen (260000 Wörter-tokens)[3] und das DORTMUNDER KORPUS (Wagner 1981) mit dem Wortschatz der spontanen Sprechsprache (z.Zt. 170000 Wörter-tokens). Auch die beiden umfangreichen Untersuchungen von Augst (1984) zum Wortschatz der Sechsjährigen und Gipper (1985) zum Wortschatz der Ein-bis-Dreijährigen gehören in diesen Zusammenhang.

2. Maßstäbe der Vergleiche

Bei einem Vergleich sind (mindestens) drei Faktoren zu berücksichtigen: die beiden <u>Positionen</u>, die miteinander verglichen werden, und der <u>Vergleichsmaßstab</u>, an dem die Positionen gemessen werden. Ein Vergleich liefert ferner immer zwei Arten von Ergebnissen: Übereinstimmungen und Abweichungen. Bevor wir also in die konkreten Vergleiche der einzelnen Wortschätze eintreten, sollen die Vergleichsmaßstäbe angegeben und erläutert werden, die zur Beurteilung dienen und die bei der Bewertung der Vergleiche (ihrer 'Tragweite') berücksichtigt werden müssen.

Sechs Parameter erweisen sich als notwendig, um dem differenzierten Material gerecht zu werden: 1. Alter, 2. Zeit, 3. Schichtzugehörigkeit, 4. Sprachmaterial, 5. Auszählmodus, 6. Umfang.

2.1. Alter der Kinder

Altersangaben bei Kindersprachdaten sind unerläßlich und obligatorisch. Heute hat sich die Datierung der Sterns (a.a.O.S.V) durchgesetzt: "Gezählt werden, durch Semikolon getrennt, Jahre und Monate." Diese Präzision ist bei Schlag (1921) noch nicht zu finden. Hier wird schlicht von "sechs- und achtjährigen Kindern" gesprochen.

Neben Altersangaben nach <u>Lebensjahren</u> (und Monaten) die in der Regel zu Wortschätzen von einzelnen Kindern gemacht werden, gibt es aber auch Altersangaben nach <u>Schuljahren</u>, die sich auf Wortschätze von Schülern einer bestimmten Jahrgangsklasse beziehen. Das Schuljahr-Alter umfaßt normalerweise zwei Lebensjahre: Denn im 1. Schuljahr sitzen die 6- bis 7jährigen, im 2. Schuljahr die 7- bis 8jährigen usw. In den höheren Klassen nehmen erfahrungsgemäß die Sitzenbleiber zu, so daß dort die Altersstreuung noch größer ist.

2.2. Zeit

Dieser Maßstab ist der eigentliche Anlaß unserer Untersuchung. Die Verfalls-These nimmt nämlich an, daß der Faktor 'Zeit' einen großen und negativen Einfluß auf die Kindersprache habe. Wortschätze von Kindern vor dem 1. Weltkrieg ('aus der guten alten Zeit') müßten demnach deutlich anders, 'besser' aussehen als heutige Wortschätze. Wie groß die Auswirkung des Zeitfaktors in unserem Material tatsächlich ist, wird unter den Punkten 4 bis 6 abgehandelt.

2.3. Schichtzugehörigkeit

Meistens sind es Eltern, die den Wortschatz ihres Kindes festgehalten haben, und der Vater ist zusätzlich oft Lehrer oder Hochschullehrer. Die Kinder Hilde, Günther und Eva Stern z.B. wuchsen in einer Professorenfamilie auf.

Zwei Volksschullehrer wurden zu eigenen Erhebungen im Bereich der Kindersprache animiert und motiviert durch die großen sprachstatistischen Anstrengungen, die 1891 begannen, um das beste Stenographiesystem zu ermitteln. F.W. Kaeding und über 1300 Mitarbeiter werteten insgesamt 11 Millionen Wörter-tokens aus. Als Ergebnis dieser aufwendigen 'Hand'arbeit erschien 1897 das "Häufigkeitswörterbuch der deutschen Sprache". Es bereitete den Boden für entsprechende Untersuchungen zur Kindersprache. Johannes Schlag, dem wir die erste umfangreiche Sammlung von Kinderwortschätzen nicht nur nach verschiedenen Wörter (types), sondern auch nach laufenden Wörtern (tokens) verdanken, verschlüsselt die Herkunft seiner beiden 6jährigen Versuchspersonen folgendermaßen:

"Das erste Kind entstammt einer Lehrerfamilie aus einem großen Fabrikdorfe, und das zweite hat einen gelernten Arbeiter (Werkmeister) zum Vater, wohnhaft in Leipzig-Euritzsch. Beide waren einzige Kinder. Im ersten Falle hat der Vater des Kindes mit großer Geduld und ausdauerndem Fleiße die Sammlung und teilweise die Ordnung des Wörterstoffes übernommen; im zweiten Falle hat der Verfasser selbst das Kind belauscht, indem er es im Winter 1915 wöchentlich zweimal zu sich kommen und mit seiner damals zehnjährigen Tochter ganz unbefangen spielen ließ. Der Sammler saß scheinbar ganz unbeteiligt abseits am Schreibtische und schrieb nach. Vom ersten Kinde (Hilde S.) sind auf diese Weise 11187, vom zweiten Kinde (Susi Fr.) 16269 Wörter aufgenommen worden" (Schlag 1921, S. 4)

Ist Hilde S. mit Hilde Schlag zu entschlüsseln? Dem widerspricht, daß Schlag offenbar einen deutlichen Unterschied zwischen dem Vater und dem Verfasser macht ("teilweise" "selbst"). Den Widerspruch könnte ein Hinweis auflösen, mit dem Schlag seinen Aufsatz beschließt: Er dankt seinem "einzigen eifrigen Mitarbeiter, meinen lieber Bruder Reinhold" (a.a.O.S. 66). Wir nehmen an, daß der Bruder Reinhold Schlag der Vater von Hilde Schlag ist und den Wortschatz seiner Tochter vor 1915 gesammelt hat ("nur im Winter" S. 5). Der Verfasser Johannes Schlag hat dann 1915 zur Ergänzung des Wortschatzes und zum Vergleich mit den Angaben des Bruders die sechsjährige Susi Fr. zu sich kommen lassen.

Dadurch ergibt sich die bemerkenswerte Konstellation, die in dieser frühen Zeit der Wortschatz-Sammlungen wohl einzigartig sein dürfte, daß neben der Sprache eines Kindes aus der Mittelschicht auch die Sprache eines Kindes aus der (oberen?) Unterschicht zu Worte kommt.

Im übrigen und im allgemeinen ist die damalige Kindersprachforschung deutlich Mittelschicht-orientiert/zentriert, wie der Terminus heute lautet. <u>Hildegard Hetzer</u> und <u>Berta Reindorf</u> unterscheiden in einem Aufsatz über "Sprachentwicklung und soziales Milieu" aus dem Jahre 1928 zwischen G- und U-Kindern, wobei G für "gepflegte Kinder" und U für "ungepflegte Kinder" steht (a.a.O.S. 153). Die G werden in der Untersuchung namentlich erwähnt, u.z. nicht nur mit dem Vor-, sondern auch mit dem Familiennamen. Es sind: "Inge und Rolf Bühler, Eleonore Hahn, Susi und Ma Kautzky, Roswitha Kolder, Gertraut und Eva Hetzer". Und an diese Namensliste ist folgende Fußnote angehängt:

"An dieser Stelle möchten wir Frau Professor Bühler, Frau Professor Hahn, Frau Dr. Kautzky-Brun und Frau Erika Kolder herzlich für die Bereitwilligkeit danken, mit welcher sie uns ihre Aufzeichnungen zur Verfügung stellten" (S. 153.Anm. 4).

Die U dagegen, "16 Knaben" und "12 Mädchen" werden der Einfachheit, der Unterscheidung und der Abgrenzung (?) halber einfach durchnumeriert von K1 bis K16 und von M1 bis M12 (S. 156ff). Sie haben keinen Vornamen, von einem Familiennamen ganz zu schweigen. Sie sind, wie es sich für U gehört, namenlos.

Schaffert hat seine Untersuchung nicht selbst veröffentlicht, sondern an Oberender weitergegeben, der über ihn schreibt:

"F. Schaffert führte seine Auszählung im Jahre 1934/35 an der Versuchsschule am Kräherwald (Stuttgart) durch. Die soziale Schichtung war die einer normalen Stuttgarter Grundschule, der Zugang war frei und gebietlich nicht begrenzt, es waren also Stuttgarter Kinder aus allen Stadtteilen vertreten. Es wurde bewußt darauf gesehen, daß nicht eine soziale Oberschicht das Übergewicht bekam. Neben dem Arzt- und Direktorenkind saßen Kinder, deren Eltern Fürsorgeunterstützung bezogen" (Oberender 1951, S. 351).

Oberender führt zu seiner eigenen Erhebung, die er dann mit Schafferts Daten vergleicht, folgendes aus:

"Ich führte im Schuljahr 1949/50 eine sprachlich gut begabte gemischte 3. Klasse an der Volksschule in Eßlingen-Hegensberg ... einem Vorort von Eßlingen/Neckar, durch zwei Omnibuslinien mit der Stadt verbunden (Fahrtdauer 1/4 Stunde). Die meisten Väter unserer Kinder arbeiten in Eßlingen und Umgebung. Zu Hause haben aber die meisten der alteingesessenen Familien ein, zwei Obstgüter und einen Acker. Wir nehmen demnach eine Zwischenstellung zwischen Stadt und Land ein, müssen aber unsere Kinder mehr als Landkinder, denn als Großstadtkinder ansprechen" (Oberender 1951, S. 349).

Die soziale Schichtung in den beiden Klassen wird von Oberender mit einer Argumentationsstrategie beschrieben, die auch heute noch angewandt wird, wenn die Schichtenproblematik zwar erkannt, aus bestimmten Gründen aber nicht angemessen berücksichtigt wurde: Auf der einen Seite wird die soziale Ausgewogenheit behauptet/beteuert/verlangt, auf der anderen Seite jedoch wird sorgfältig vergessen, sie mit Zahlenangaben zu belegen.

Rosenkranz fühlt als Lehrer in der DDR sich der Unterschicht mehr verpflichtet, obwohl auch er keine genauen Zahlenangaben nennt. Zum Niveau seiner Klasse (eines 1. Schuljahres) führt er aus: Es handelte "sich keineswegs um eine sprachlich besonders begabte Klasse. Von den 38 Kindern waren 2/3 Arbeiterkinder. Die Eltern der übrigen Kinder waren Angestellte und Gewerbetreibende ... Im übrigen waren die Spurkinder ausgesprochene Industriestadtkinder" (Rosenkranz 1957, S. 102).

Durch die 'Sprachbarrieren'-Diskussion der 60er und 70er Jahre kann uns heute der Blick, der Verstand und das Herz geschärft sein gegenüber Einteilungen wie bei Hetzer/Reindorf oder Argumentationsstrukturen wie bei Oberender. Dennoch, eine Verschiebung der Wortschatzforschung zu Gunsten der Unterschicht läßt auch gegenwärtig sich trotz bester Absicht nur schwer erreichen.

Das DORTMUNDER KORPUS besteht aus 13 Teilkorpora, die aus Examensarbeiten hervorgingen, für die sich eine Kandidatin/ein Kandidat entschied. Trotz dieser eher zufälligen Art der Entstehung gehören nur drei Teilkorpora zur Unterschicht, drei weitere zur Übergangszone zwischen Unter- und Mittelschicht, sieben dagegen zur Mittelschicht (Wagner 1981, S. 23f).

Die Wortschatzsammlung "Kinderwort" von Augst (1984) umfaßt den Wortschatz von 10 Sechsjährigen, von denen trotz der Bemühungen des Herausgebers nur zwei aus der Unterschicht stammen: aus einer Landwirt- und einer Schreiner-Familie. Und auch hier wurde die Sammlung nicht von Familienangehörigen vorgenommen, sondern der Herausgeber ist eingesprungen. "Versuche, Mütter aus Arbeiter- oder Handwerkerfamilien zu bewegen, den Wortschatz aufzuschreiben, sind ausnahmslos gescheitert" (a.a.O. S. XVIII). Von den übrigen 8 Kindern stammen 3 aus Professoren-, 3 aus Ingenieurs- und je 1 aus einer Pastoren- und einer Lehrerfamilie.

So kommt dieser Überblick zu dem Ergebnis, daß bis heute überwiegend Kinder aus der Mittelschicht untersucht worden sind und daß, - wie man es auch wendet und dreht -, alle Wortschatzvergleiche den Zopf, bzw. die Zweitfrisur der besseren Stände immer hinten tragen. Trotz aller Bemühungen in den letzten Jahren findet offenbar die Sammlung von Kinderwortschätzen auch weiterhin nur Interesse in der Mittelschicht.

2.4. Sprachmaterial

Bei diesem Punkt geht es um den Unterschied zwischen Sprechsprache und Schriftsprache. Hier stellt sich heraus, daß die Wortschätze der einzelnen Kinder aus der gesprochenen Sprache, die Wortschätze der Schulklassen aus der Schriftsprache stammen. Auch dies ergibt sich aus der Sammelsituation. Lehrer sitzen eben am Schreibtisch vor den Heftpacken der Aufsätze/Niederschriften und werden bei jedem falsch-geschriebenen Wort von dem Problem des Grundwortschatzes geplagt. Das motiviert sie zum Sammeln. Sprechsprache dagegen wird von einem Kind aufgezeichnet, in der Regel von Eltern, die ein Interesse an diesem Kind haben und oft gleichzeitig noch Lehrer sind.

Nun kann aber der Wortschatz der Sprechsprache nicht ohne weiteres mit dem der Schriftsprache verglichen werden. Die verschiedenen Häufigkeiten ergeben sich aus den unterschiedlichen Regeln. So <u>sagen</u> etwa Kinder immer 'Portemonnaie', <u>schreiben</u> aber 'Geldbörse', was sie wiederum nicht sagen. Ganz deutlich wird das bei den Kraftausdrücken und Schimpfwörtern. Obwohl die Schlags von den beiden 6jährigen Mädchen gesprochene Sprache aufgezeichnet haben, kommen 'doof' oder gar noch bösere Wörter wie 'Arsch' und 'Scheiße' nicht vor. So weit geht die Empirie bei zwei sächsischen Volksschullehrern vor dem 1. Weltkrieg denn doch nicht. Nur ein 'Popo' (S. 33) oder ein 'Hosenpopo' (S. 28) lassen sich sehen. Bei Augst dagegen ist das emotionale Vokabular akzeptiert und präsentiert sich reich entfaltet: 12 'Arsch'-Varianten (vgl. unten Punkt 5.2.) und 41 'Scheiß'-Komposita.

Wie schnell und wirksam die Schule derartige Tabu-Wörter nicht nur in der Schriftsprache, sondern auch in der gebundenen Sprechsprache abgewöhnt, läßt sich am Beispiel 'doof' zeigen (Wagner 1974, S. 86f).

2.5. Auszählmodus

Wörter können auf zweierlei Art in Wortschätzen gesammelt werden, als <u>Wortformen</u> oder als <u>Grundformen</u>. So sind z.B. 'sammle', 'sammelst', 'sammelt', 'sammelte', 'sammelten', 'gesammelt' alles verschiedene Wortformen zu der einen Grundform 'sammeln'. Die Wortformen 'Wortes', 'Worte', 'Wörter' gehören zur Grundform 'Wort'. Ein Wortschatz, der Wortformen als types ausweist, ist also (bei gleicher tokens-Anzahl) umfangreicher als ein Wortschatz mit Grundformen-types. So umfaßt etwa der Wortschatz der 6jährigen bei Schlag 3655 Wortformen-types, denen jedoch nach unserer Vergleichszählung nur 2803 Grundformen-types entsprechen. (Verhältnis 4:3; im Korpus Teresa (9;7) ungefähr 3:2 (a.a.O.S. 281).

Zusätzlich kann nach <u>Wortarten</u> getrennt ausgezählt werden, wobei die drei Hauptwortarten Verb, Nomen und Adjektiv von der Restklasse 'Sonstige' unterschieden werden.

2.6. Umfang

Die quantitative Größenordnung der einzelnen Wortschätze ist sehr unterschiedlich. Sie reicht von 598 Grund- und Wortformen-types bei Bühnemann bis zu

13302 Grundformen-types bei Augst. Bei diesen großen Unterschieden lassen sich absolute Zahlen schlecht vergleichen. Bei den relativen Zahlen (z.B. Prozentpunkten) dagegen ist ein Vergleich gut möglich. So wird etwa die prozentuale Zunahme/Abnahme der verschiedenen Wortarten untersucht (vgl. Punkt 4 und Tabelle 3). Genaue Angaben zum Umfang der Wortschätze werden bei ihrer Charakterisierung gegeben.

Zwei Vergleichsgruppen ergeben sich aus der Quellenlage: die Sechsjährigen und die Acht- bis Neunjährigen. Angesichts des umfangreichen Materials müssen wir uns hier auf die Gruppe der Sechsjährigen beschränken. (Der Vergleich der Acht- bis Neunjährigen soll in einer späteren Untersuchung vorgelegt werden.)

3. Wortschätze der Sechsjährigen

Drei Sammlungen (nur drei!) stehen zur Verfügung:

a) Schlag

Es ist der älteste Kinderwortschatz. Er wurde 1914/15 erhoben und enthält die Sammlungen der Sprechsprache von Hilde und Susi. Hier beginnen schon die Probleme. Schlag hat zwei Listen veröffentlicht, eine für Hilde und Susi zusammen (1921, S. 21 - 40; in Hesse/Wagner als Liste 1 ausgewiesen[4]) und eine zweite mit dem Sonderwortschatz von Hilde (S. 40 - 45; in Hesse/Wagner als Liste 2). Zu diesem Sondergut bemerkt Schlag (S. 40): "Die nachstehend angeführten Worte sind neben den in den Aufzeichnungen enthaltenen von Hilde oft gebraucht worden, kamen aber beim Aufschreiben nicht zum Vorschein." Mit unseren Worten: Es handelt sich um Wörter, die Hilde im mitgeschriebenen Korpus (Liste 1) nicht äußert, sondern die der Vater bei anderer Gelegenheit oder aus dem Gedächtnis aufgezeichnet hat. Damit beginnen aber die Schwierigkeiten, wie ein Vergleich der beiden Listen nach Wortarten zeigt:

Schlag:	Liste 1 (Hilde + Susi)	Liste 2 (Sondergut Hilde)
Adjektive	265	20
Nomen	1065	958
Verben	901	11
Sonstige	433	2
Gesamt	2664	991

Der Sonderwortschatz von Hilde enthält überwiegend Nomen und macht damit deutlich, daß die Beobachtung von Kindersprache, wenn sie nicht festen Aufzeichnungsregeln folgt (vgl. Augst), sehr leicht Nomen-zentriert geschieht. Schlag wertet nach Wortformen-types aus, was die Benutzung seiner Listen für Rechtschreibzwecke erhöht. Da aber Rosenkranz und Augst nach Grundformen-types sortieren, haben wir für den quantitativen Vergleich die Listen von Schlag auf Grundformen reduziert: Liste 1 enthält demnach 1827 und Liste 2 immerhin noch 976 Wörter.

b) Rosenkranz

sammelte seinen Wortschatz 35 Jahre nach den Schlags im Schuljahr 1950/51. Er möchte mit seiner Untersuchung die Überlegenheit der Sprechspur (einer Art 'Kurzschrift' für den ersten Schreib- und Lese-Unterricht) über die "Schwerfälligkeit der Normalschrift" (S. 102) belegen. Es ist kein Wortschatz von wenigen einzelnen Kindern, deren Anteile man unterscheiden kann (wie bei Schlag), sondern ein Sammelwortschatz einer Klasse des 1. Schuljahres, bestehend aus 38 Kindern. Der Wortschatz umfaßt 1745 Wörter-types aus "frei gespurten Niederschriften" (S. 101). Unter den Themengruppen, aus denen die Aufsätze entstanden, werden u.a. "Arbeitswelt" und "Völkerfreundschaft" genannt (S. 102). Aus dem Titel "Völkerfreundschaft" und den hierher gehörigen Wörtern wie 'Aktivist', 'Pionier', 'Fünfjahresplan' u.a. kann man schließen, daß es sich um eine Klasse aus der DDR handelt. (Die vollständige Liste der Themengruppen und der Wörter zu "Völkerfreundschaft" wird unter Punkt 5.1. aufgeführt.)

In einem Abstand von weiteren 25 Jahren erfolgte die dritte Untersuchung.

c) Augst

und seine Mitarbeiterinnen und Mitarbeiter erheben den aktiven Wortschatz von 10 Kindern im Alter zwischen 5;8 und 6;0. Jedes Kind wurde über diese 4 Monate in 200 Aufnahmestunden in natürlichen Situationen beobachtet (S. IX), was eine durchschnittliche Beobachtungszeit von 1 Stunde und 40 Minuten pro Tag ergibt. Im größten Teil der 200 Stunden wurden die Wörter (möglichst in Stenographie) mitgeschrieben (S. X), 10 - 20 Stunden (5 - 10 %) sollten Tonbandaufnahmen sein (S. XI). Die Sammmlungen beginnen im Januar 1975 und enden im März 1980. Der aktive Wortschatz dieser 10 Kinder umfaßt 13302 Grundformen-types der spontanen Sprechsprache.

Mit einem derartigen Umfang legt Augst die bei weitem größte Wortschatzsammlung in dieser Altersstufe vor. Das muß bei allen weiteren Vergleichen immer berücksichtigt werden. Zunächst geht es um einen quantitativen Vergleich der Wortarten.

4. Quantitativer Vergleich: Anteile der Wortarten

Die folgende Liste gibt einen Überblick über die Zahlenverhältnisse:

Tabelle 2: Anteile der Wortarten in den Wortschätzen der Sechsjährigen

Autor	Schlag[5]		Rosenkranz	Augst
Jahre der Sammlung	1914/15 Listen 1+2	nur 1	1950/51	1975 - 80
Adjektive	171	155	142	990
Nomen	1859	909	953	8131
Verben	451	443	442	3427
Sonstige	322	320	208	754
Gesamt	2803	1827	1745	13302

Da die Wortschätze unterschiedlich groß sind, lassen sich sinnvoll nur die relativen Zahlen (Prozentzahlen) vergleichen und nicht die absoluten Zahlen. Weiter ist zu bedenken, daß nur die großen Wortarten (Hauptwortarten) durch ihren Umfang, ihre Quantität genügend Spielraum für mögliche Veränderungen im Wortschatzgefüge bieten. Die Restklasse 'Sonstige' dagegen ist relativ eng und fest begrenzt. Sie besteht aus Funktionswörtern, die im Gebrauch mehr oder weniger obligatorisch sind und deswegen individuell, bzw. gruppenspezifisch kaum verändert werden können.

An Häufigkeiten nennt die Dudengrammatik ([4]1984, § 113): Präpositionen und Konjunktionen "etwa 200", Pronomen "nicht einmal 100". Mit den Adverbien und den übrigen 'Nicht-Hauptwortarten-Wörtern' rechnen wir in der Restklasse 'Sonstige' mit etwa 400 bis 500 types. (Warum bei Augst dann doch 754 belegt sind, wird unter 5.3. näher erläutert). Gegenüber der 'geschlossenen' Restklasse sind die Hauptwortarten 'offen', sie sind beinahe beliebig erweiterbar (jedenfalls für Kinderwortschätze). In der Erwachsenen-Sprache dürfte der Adjektiv-Wortschatz bei über 10000 liegen, für die deutschen Verben hat Mater etwa 25000 bis 30000 ausgezählt, und die Nomen gehen in die Hunderttausende.

Da durch die Berücksichtigung einer unterschiedlich definierten Restklasse ein Vergleich erschwert wäre, werden in der folgenden Tabelle nur die Hauptwortarten aufgeführt:

Tabelle 3: Prozentanteile der Hauptwortarten

	Schlag 1+2	nur 1	Rosenkranz	Augst
Adjektive	6,9	10,3	9,2	7,9
Nomen	74,9	60,3	62,0	64,8
Verben	18,2	29,4	28,8	27,3

100 % = Summe Adjektive + Nomen + Verben

Betrachten wir die beiden Spalten zu Schlag so zeigt sich, daß der Sonderwortschatz von Hilde wegen seines großen Anteils an Nomen die Werte sehr stark zugunsten dieser Wortart verschiebt. Wir halten es deswegen für angemessener, den Prozentvergleich nur mit der Liste Schlag 1 vorzunehmen, die den beobachteten Wortschatz von Hilde und Susi umfaßt.

Die Prozentzahlen zeigen folgende Tendenz:
- Abnahme bei den Adjektiven (von Schlag zu Rosenkranz minus 1,1, von Rosenkranz zu Augst minus 1,3) und bei den Verben (minus 0,6 und minus 1,5).
- Zunahme bei den Nomen (plus 1,7 und plus 2,8).

Vorsichtig interpretiert zeigt sich im Untersuchungs-Zeitraum eine Zunahme des substantivischen Wortschatzes, die ihrerseits die Veränderungen der Prozentanteile bei den Adjektiven und Verben bedingt. Diese quantitative Beobachtung soll in den folgenden Kapiteln mit den qualitativen Befunden verglichen werden.

5. Qualitativer Vergleich des Wortgutes

Für eine genauere Analyse der Wanderungs- und Wandlungsbewegungen im kindlichen Wortschatz von 1900 bis heute sagen quantitative Verschiebungen zwischen den Wortarten nicht genug aus. Vielmehr muß, - um qualitative Veränderungen belegen, - Wort für Wort verglichen werden. Wann und wo taucht ein Wort auf, wie lange hält es sich in welchen Wortschätzten, wann und wo verschwindet es wieder.

Ein solcher Wort-für-Wort-Vergleich zwischen den drei Wortschätzen der Sechsjährigen liegt bisher nur in alphabetischer Reihenfolge und getrennt nach Wortarten vor[6]. Eine Sortierung nach Wortarten und nach dem Alphabet gibt zwar schon erste Aufschlüsse, - die alphabetische Reihenfolge trennt aber auch Wörter, die von ihrer Bedeutung her zusammengehören. Deswegen führt erst ein Vergleich in Bedeutungsfeldern zu genaueren Angaben, welche Veränderungen in den vergangenen achtzig Jahren stattgefunden haben.

Ursprünglich hatten wir geplant, alle Vergleichslisten in aller Ausführlichkeit hier zu präsentieren. Das Material ist aber viel zu umfangreich und sprengt den Rahmen eines Aufsatzes. Deswegen müssen wir uns auf exemplarische Ausschnitte beschränken:
- Als Beispiele für eine genaue Analyse werden die Bedeutungsfelder 'Farbadjektive' und 'Tiere' ausgebreitet.
- Als Beispiele für die alphabetischen Listen werden die Nomen des Buchstabens A und die Interjektionen aus der Klasse der Sonstigen vorgeführt.

5.1. Vergleich nach Bedeutungsfeldern

Um ein vollständiges Bild über die Veränderungen in den Wortschätzen zu erhalten, müssen die Wanderungsbewegungen der einzelnen Wörter in den Bedeutungsfeldern verfolgt werden. Ein solcher Vergleich wird durch die unterschiedlichen Ordnungsprinzipien erschwert, die von den Autoren zur inhaltlichen Gliederung angewandt werden.

Schlag (a.a.O.S. 14ff) sortiert seinen Wortschatz in 12 "Gedankenkreise": "1. Kleidung, 2. Nahrung, 3. Wohnung, 4. Körper und Gesundheit, 5. Spiel, 6. Aus Märchen und Verschen, 7. Tiere, 8. Pflanzen, 9. Witterung, 10. Zeit und Uhr, 11. Zahlen und Zahlbegriffe, 12. Krieg und Heer." Gerade der letzte

Gedankenkreis spiegelt die Situation zu Beginn des 1. Weltkriegs. Folgende Wörter werden aufgeführt: "Bahre, Blut, deutsche, Deutschland, Dosenfleisch, Eisenschoner, Fahne, Feinde, Feldgraue, Feldpost, Feldpostbrief, Flagge, Flieger, Flugmaschine, Flugzeug, Frankreich, Franzosen, Front, Gefangenschaft, Granate, Handgranaten, Hindenburg, Hauptmann, Kanonenkugeln, Kartoffelklage, Kartoffelnot, Kommißbrot, Kontrollversammlung, Kopfschuß, Krieg, Kriegsanleihe, Kriegsbeschädigter, Kriegsbilder, Kriegskarte, Kriegsstein, Kriegskreuz, Mannschaft,Marken, Marmelade, Not, Östereicher, Russen, Rußland, Säbel, Sachsen, sächsische, Schaffnerin, scharfschießen, schießen, Schießscharte, Schlacht, Schuß, Schützengraben, schwarzweißrot, Serben, Sieg, Soldat, Soldatenbrief, Soldatenkarte, Soldatenpäckchen, Soldatenpaket, Torpedoboot, totschießen, Trommel, Zeppelin" (a.a.O.S. 15f).

Wenn man diese Liste kritisch durchmustert, fällt auf, wie wenig 'Hurra-Patriotismus' zu finden ist. Eher überwiegt die 'Not-und-Tot'-Seite des Krieges: Not, Marken, Kartoffelklage, Kartoffelnot, Dosenfleisch, Kommißbrot, Marmelade; totschießen, Blut, Bahre, Kopfschuß, u.a. Selbst die eher zufällige alphabetische Reihenfolge führt zu entlarvenden Konstellationen: Krieg steht zwischen Kopfschuß und Kriegsanleihe, Schaffnerin zwischen scharfschießen und sächsische.

Rosenkranz (a.a.O.S. 102) ordnet nach 8 "Themengruppen": "1. Märchenwelt, 2. In der Schule, 3. Weihnachten, 4. Haus und Familie, 5. Umwelt, 6. Erlebnisse aus dem Gemeindeleben, 7. Arbeitsleben, 8. Völkerfreundschaft." Vor einem Krieg (dem 1. Weltkrieg) geht es um "Krieg und Heer", nach einem verlorenen Krieg (dem 2. Weltkrieg) ist "Völkerfreundschaft" angesagt. Und über diesen Themenkreis sind Wörter wie "Aktivist, Aufbau, Aufmarsch, Befreiung, Bomben, Fünfjahrplan, Heer, Hitlerleute, Krieg, Mao-Tse-Tung, Oberst, Pionier, Plan, Schießgewehr, Stahlhelm, Waffe, Zerstörer" in diesem Wortschatz der 6- bis 7jährigen geraten. Dabei ist in Erinnerung zu rufen, daß es sich hier um einen schriftsprachlich fundierten Wortschatz handelt, während die Wörter aus dem Gedankenkreis "Krieg und Heer" bei Schlag der spontaneren Sprechsprache entstammen.

Es wäre sicher aufschlußreich, die Sammlung von Rosenkranz mit dem Wortschatz einer westdeutschen Klasse zu vergleichen. Hier käme Cremer in Frage, über den Bühnemann schreibt: "Heinz Cremer zählte 1949 bis 1950 40000 Wörter von ca. 100 Kindern des 2. Schuljahres aus (darunter je 20000 aus der Sprech- und Schriftsprache) und fand darunter 2270 verschiedene Wörter" (a.a.O.S. 444).

Das Material von Cremer wird jedoch von Bühnemann nur ausgewertet, es ist unseres Wissens nicht veröffentlicht.

Augst (1984 S. XXI ff; 1977 S. 25 ff) hat sich umfassende Gedanken über eine angemesssene Gliederung des kindlichen Wortschatzes gemacht. Er findet jedoch nur vielversprechende Ansätze (z.B. in der frame-Theorie) vor, aber noch keine durchstrukturierte, umfassende, brauchbare Gliederung. So sieht er sich auf die unbefriedigende Einteilung nach Sachgruppen in Werle/Eggers zurückverwiesen, wo der Wortschatz in 6 Hauptgruppen und über 1000 "Kleinstfelder" geordnet ist. Die 6 Hauptgruppen sind: A Begriffliche Beziehungen, B Raum, C Stoff, D Geistesleben, E Gebiete des Wollens, F Gefühlsleben.

Im folgenden werden exemplarisch die Bedeutungsfelder 'Farbadjektive' für die Wortart Adjektiv und 'Tiere' für die Wortart Nomen vorgeführt.

Tabelle 4: Farbadjektive bei Sechsjährigen

Schlag (1914/15)	Rosenkranz (1950/51)	Augst (1975-80)
blau	blau	blau, dunkelblau, hellblau, bläulich, blaurot
braun	braun	braun, bräunlich, hellbraun, braunkariert, dunkelbraun, schwarz-braun, bunt, farbig, sechsbuntig, unbunt
gelb	gelb	gelb, hellgelb, gelblich, goldgelb, blond, dunkelblond, beige, beigelich
golden goldig	golden	golden, goldig, naturgolden
grau feldgrau	-	grau, gräulich
grün	grün	grün, hellgrün, dunkelgrün, grasgrün
-	-	lila (vgl. violett)
rot, rosa	rot	rot, rosa, feuerrot, hellrot, rötlich, blutrot, dunkelrosa, dunkelrot, klatschrot
schwarz	schwarz	schwarz, klarschschwarz, kohlrabenschwarz, kohlschwarz, rußig
silbern silbrig	-	silbern
-	-	violett, blaurot (vgl. lila)
weiß	weiß	weiß, dunkelweiß, glühweiß, grauweiß, schmutzigweiß

Der Vergleich der drei Wortschätze ergibt:

- Die Grundfarben finden sich in allen drei Sammlungen.
- Schlag hat neben 'feldgrau' noch 'goldig', 'rosa' und 'silbrig', die bei Rosenkranz nicht vorkommen.
- Bei Augst dagegen ist die ganze Palette der Farbnuancen entfaltet.

Tabelle 5: Tiere bei Sechsjährigen

Schlag (1914/15)	Rosenkranz (1950/51)	Augst (1975-80)
-	-	Adler, Adlerkindchen
Affen	Affe	Affe, Äffchen, Affenkind
Affenbär	-	-
-	-	Allosaurus, Ameise, Ameisenbär, Ameisenlöwe, Ameisenweibchen, Amsel
Bär	Bär	Bär, Bärchen, Barsch, Berglöwe, Bernhardiner, Bernharddinerhund, Biber, Biene, Bison, Blattlaus, Blaumeise, Blindschleiche
Boa	-	-
-	Bock	Bock, Böckchen, Böcklein, Boxer, Braunbär, Brieftaube, Brillenschlange, Brüllaffe, Büffel, Büffelherde, Bulle, Bussard
-	Dachs	Dachs, Dackel, Delphin, Delphinkind, Dinosaurier, Dromedar, Drossel, Eber, Eichhörnchen, Eidechse, Einsiedlerkrebs,
Eisbär	-	Eisbär, Elch
-	Elefant	Elefant, Elefantenbaby, -mutter, Elster
Ente	Ente, Entchen, Entenmutter, Entlein	Ente, Entchen, Entenkind, -mutter, Entle
Esel	Esel	Esel, Eselchen
-	Eule	Eule, Falke, Fasan, Fasanhahn, Ferkel, Feueraffe, Feuerqualle, Feuersalamander, Fink
Fisch	Fisch	Fisch, Fischchen, Fischotter, Flamingo, Fledermaus, Fliege, Fliegchen
-	Flöhe	Floh
-	Florfliege	Florfliege, Flunder, Flußpferd
-	Fohlen	Fohlen, Forelle, Frischling, Frosch, Fröschle
-	Fuchs	Fuchs, Fuchsenkind, Füllen, Gallwespe
Gans	Gans	Gans, Gänserich, Ganter, Gaul, Gazelle,

–	Geier	Geier
Geiß, Geißlein	–	–
–	–	Gelbfuchs, Gelbrandkäfer, Gepard, Giftschlange, Giraffe, Giraffenkind,
Glühwürmchen	–	Glühwürmchen
–	–	Gockel, Gockelchen, Gockele
Goldfisch	–	Goldfisch, Gorilla, Gorillaaffe, Grünling, Habicht
Hähnchen	Hahn	Hahn, Hähnchen, Hai, Haifisch, Hamster
Hasen	–	Hase, Häschen, Hasenkind, Hausschwein, Haustier, Hecht, Heckenbock, Heidehase
–	Henne	Henne
(Salzhering)	–	Hering, Hermelin, Heuschrecke
Himmelmiezeln	–	–
Hirsche	–	Hirsch, Hornisse, Hottehüpferd
Hühnchen	Huhn	Huhn, Hühnchen, Hühnle
Hulegans	–	–
Hummel	–	Hummel
Hund	Hund	Hund, Hündchen, Hyäne
–	Igel	Igel, Insekt, Jaguar, Käfer
Kabeljau	–	–
Kalb	–	Kalb, Kälbchen
–	Kamel	Kamel, Kanarienvogel, Känguruh, Kaninchen
–	Karnickel	–
Karpfen	–	Karpfen, Kartoffelkäfer
–	Kater	Kater
Katze Kätzchen	Katze	Katze, Kätzchen, Kaulquappe, Kettenhund
Käuzchen	–	–
Kikerikihahn	Kikeriki	–
–	–	Klapperschlange, Kleiber, Knurrhähnchen, Koalabär, Kobra, -schlange, Kohlweißling, Kolibri, Königsschlange, -tiger, Köter, Krabbe, Krabbelkäfer, Krähe, Krake, Krebs, Kreuzotter, Kriechtier, Krokodil
Kröte	–	Kröte, Kuckuck
Kuh	Kuh	Kuh, Kühchen, Küken
Lachs	–	–

-	Lama		Lama, Lamm, Lämmchen, Lämmle, Lämmlein, Larve
Laus	Laus		Laus, Leopard, Lerche
-	Libelle		Libelle, Lieblingshase, -kuh, -pferd, -tier
-	Löwe		Löwe, Löwenkind, Luchs
Maden	-		Made, Maikäfer, Makrele, Marabu, Marder
Marienkäfer	-		Marienkäfer, Maulpferd, Maulwurf
Matz('Stubenvogel')	-		-
Maus	Maus		Maus, Mäuschen, Mäuslein
-	Meerschwein		Meerschwein, Meise, Menschenaffe, Miaukatze
Mietzekatze	-		Miezekatze, Miesmuschel
Milchbulle	-		-
-	-		Mistkäfer, Motte, Möwe, Mücke, Murmeltier, Muschi ('Katze')
Muschel	-		Muschel, Muscheltier, Nachteule, -falter, Nachtigall, Nachttier
-	Nashorn		Nashorn, -mutter, Nilroß 'Nilpferd', Ochse, Ohrenkneifer, -pitscher, -schlitzer, Ohrwurm, Otter,
Osterhase	-		Osterhase
Osterhäschen	-		Osterhäschen, Pandabär, Panther, Panzernashorn
Papagei	-		Papagei, Pfau
Pferd	Pferd		Pferd, Pferdchen, Pflanzenfresser, Pinguin, Pinguinbaby
Piepmatz Piepmätzchen	-		-
-	-		Plankton, Plötze, Polyp
-	Pony		Pony, Pottwal, Pudel, Pudelhund, Puma
Puthühner	-		-
-	-		Pute, Qualle, Rabe, Ratte, Raubfisch, -vogel
-	Raubtier		Raubtier, Raupe, Rebhuhn
-	Regenwurm		Regenwurm
Reh.	Reh, Rehbock		Reh, Rehkind, Riesenkrebs, -wal, Rind, Rindvieh
-	Ringelnatter		-
-	-		Robbe, Rotkehlchen, Rotschwanz
-	Rotfuchs		-
-	-		Saatkrähe, Sägefisch

-	Salamander	Salamander, Sau, Saurier, Säugetier
Schäfchen	-	Schaf, Schäfchen, Schäferhund
Schellfisch	-	-
-	-	Schildkröte, Schimmel, Schimpanse, Schlange
-	Schmetterling	Schmetterling
Schnecke	-	Schnecke, Scholle, Schwalbe, Schwan, Schwanenkind, Schwanzsaurier, Schwarzdrossel
Schwein	Schwein	Schwein, Seehund, -ente, -igel, -löwe, -möwe, -otter, -pferd, -pferdchen, -stern
Seefisch	-	-
-	-	Specht, Specksau, Spielochse, Spinne, Spitz, Spitzmaus, Springmaus
Sprotte	-	-
-	Star	Star, Stechfliege, Steinbock, Stier, Stinktier, Stier,
Storch	-	Storch, Störchin, Strauß, Stute
-	Taube	Taube, Täuberich, Tausendfüßler, Tellermuschel, Thunfisch
-	Tier	Tier, Tierchen, Tiger, Tigerin, Tintenfisch, Trampeltier
Truthahn	Truthahn	Truthahn, Turnierpferd, Uhu
Vogel	Vogel	Vogel
Vögelchen	-	Vögelchen, Vöglein, Vogelspinne
-	-	Wal, Walfisch, Waldspecht, Walroß, Wanze, Waschbär, Wasserfloh, -schnecke, -vogel, Watschelente, Wauwau, Weberknecht, Weinbergschnecke, Wellensittich, Wellhornschnecke, Wespe, Wespenräuber, Wiesel, Wild, Wildente, -katze, -schwein
Wolf	-	Wolf, Wolfskind, Wühlmaus, Wurm, Zebra, Zecke
Ziegen, Ziegenbock	Ziege	Ziege, Zieglein, Ziegenbock, Ziegenlippenwurm, Zugvogel, Zwergkaninchen

Der quantitative Vergleich der drei Listen ergibt: Bei Schlag sind 61, bei Rosenkranz 52 und bei Augst 370 Tiernamen aufgeführt.

<u>Allen drei Wortschätzen gemeinsam</u> sind die geläufigen Tiere der Kinderwelt: Affe, Bär, Ente, Esel, Fisch, Gans, Hund, Katze, Kuh, Laus, Maus, Pferd, Reh, Schwein, Truthahn, Vogel, Ziege (17 Wörter).

<u>Nur bei Schlag</u> kommen vor: Affenbär, Boa, Geiß, Geißlein, Himmelmiezeln, Hulegans, Kabeljau, Käuzchen, Lachs, Matz ('Stubenvogel'), Milchbulle, Piep-

matz, Piepmätzchen, Puthühner, Schellfisch, Seefisch, Sprotte (17 Wörter). Zwei charakteristische Wortfelder lassen sich erkennen: Seefische (Kabeljau, Schellfisch, Lachs, Sprotte) und verniedlichende Wörter aus der Kleinkindersprache (Himmelmiezeln, Hulegans, Matz, Piepmatz, Piepmätzchen, Puthühner).

Nur bei Rosenkranz stehen: Karnickel, Rehbock, Ringelnatter, Rotfuchs (4 Wörter). Es sind Tiernamen aus der konkreten Umwelt der Schülter. Karnickel als Stallhase kommt bei Augst nicht vor, denn in der BRD der 75er - 80er Jahre werden in der Mittelschicht keine Stallhasen mehr gehalten.

Schlag und Rosenkranz haben nur 1 Wort gemeinsam: Kikeriki-(hahn), ein Ausdruck aus der ländlichen Kinder- und Märchenwelt.

Schlag und Augst haben gemeinsam: Eisbär, Glühwürmchen, Goldfisch, Hähnchen, Hase, Hering, Hirsch, Hühnchen, Hummel, Kalb, Karpfen, Kätzchen, Kröte, Made, Marienkäfer, Miezekatze, Muschel, Osterhase, Osterhäschen, Papagei, Schäfchen, Schnecke, Storch, Vögelchen, Wolf, Ziegenbock (26 Wörter). Gemeinsam sind Fischnamen (Goldfisch, Hering, Karpfen und dazu auch Muschel und Schnecke) und Verkleinerungen (Glühwürmchen, Hähnchen, Hühnchen, Kätzchen, Osterhäschen, Schäfchen, Vögelchen). Unter den gemeinsamen Wörtern zwischen Rosenkranz und Augst finden sich dagegen die Normalformen Hahn und Huhn.

Rosenkranz und Augst haben gemeinsam: Bock, Dachs, Elefant, Entchen, Entlein/Entle, Entenmutter, Eule, Floh, Florfliege, Fohlen, Fuchs, Geier, Hahn, Henne, Huhn, Igel, Kamel, Kater, Lama, Libelle, Löwe, Meerschweinchen, Nashorn, Pony, Raubtier, Regenwurm, Salamander, Schmetterling, Star, Taube, Tier (31 Wörter). Es handelt sich hier zwar noch um Ausdrücke aus der Kinderwelt (Entchen, Entenmutter, Floh, Fohlen, Fuchs, Hahn, Henne, Huhn, Igel, Kater, Löwe, Meerschweinchen, Pony, Taube), aber zunehmend auch um Tiernamen aus fernen Ländern (Elefant, Geier, Kamel, Lama, Nashorn) und um Tiernamen der Umwelt (Dachs, Florfliege, Libelle, Regenwurm, Salamander, Schmetterling, Star). Diese Umwelt wird nicht mehr mit Märchenaugen betrachtet, sondern biologisch-sachlich gesehen.

Am Sondergut von Augst läßt sich deutlich erkennen, welchen großen, positiven Einfluß die Medien (Tiersendungen, Tierbücher) auf den Wortschatz der 6jährigen haben. Allerdings bleibt zu bedenken, daß von den 10 Vpp. 8 aus der Mittelschicht und nur 2 aus der oberen Unterschicht stammen.

Nach dem Vergleich der beiden Bedeutungsfelder 'Farbadjektive' und 'Tiere' sollen nun in alphabetischer Reihenfolge die Nomen des Buchstabens A verglichen werden.

5.2. Vergleichslisten: Nomen, Buchstabe A

Ein Wort-für-Wort-Vergleich zwischen den drei Wortschätzen der Sechsjährigen führt zu sieben Vergleichslisten:
1. Liste: Wörter, die nur bei Schlag vorkommen.
2. Liste: Wörter, die nur bei Rosenkranz vorkommen.
3. Liste: Wörter, die nur bei Augst vorkommen.
4. Liste: Wörter, die Schlag und Rosenkranz gemeinsam haben.
5. Liste: Wörter, die Schlag und Augst gemeinsam haben.
6. Liste: Wörter, die Rosenkranz und Augst gemeinsam haben.
7. Liste: Wörter, die in allen drei Wortschätzen vorkommen.

1. Liste: nur bei Schlag: Achseln, Affenbär, Afrika, Aluminiumtopf, Aufwaschbürsten, Augenwimpern (6 Wörter).
2. Liste: nur bei Rosenkranz: Abzeichen, Adolf, Aktivist, Amerika, Amerikaner, Anita, Arnold, Arznei, Aufbau, Aufmarsch, Autogarage (11 Wörter).
In beiden Listen läßt sich der Zeit-Faktor erkennen. Nicht besonders deutlich die Wilhelminische Zeit bei Schlag mit 'Aluminiumtopf' und 'Aufwaschbürste', evtl. auch 'Achseln' (Militär). Klar dagegen die Nachkriegszeit in der DDR bei Rosenkranz mit Abzeichen, Adolf-(Hitlerleute), Aktivist, Amerika, Amerikaner, Aufbau und Aufmarsch.
3. Liste: nur bei Augst: Aa, Aa-Wurst, ABC, Abdruck, Abendbrottisch, Abendessen, Abendlied, Abendmahl, Abendsonne, Abendvogel, Abendzeit, Abenteuer, Abenteuerspielplatz, Abfall, Abfalleimer, Abfluß, Abgrund, Abkürzung, Abmarsch, Abnäher, Abputzlappen, Abreißbuch, Abreißding, Abschied, Abschleppauto, Abschlepper, Abschleppschiff, Abschleppwagen, Abschluß, Abschlußfest, Abschrubber, Absicht, Abspannung, Abstand, Abstellparkplatz, Abstrich, Absturz, Abteilung, Abwechslung, Achse, Achter, Achtung, Adieu, Adler, Allerdings, Adlerflieger, Adlerfluß, Adlerhöhle, Adlerkindchen, Advent, Adventskranz, Äffchen, Affenkind, Affenpullover, Affensache, Agar-Agar, Ahnung, Ahorn, Ahornsirup, Ähre, Akte, Aktenbuch, Aktenkäse, Aktentasche, Alarm, Alarmglocke, Alarmknopf, Alarmsirene, Album, Alge, Algenstein, Alkohol, Allesarzt, Alleshaus, Alleshörer, Alleskleber, Alleskönner, Alles-Nichtverräter, Allespassiertag, Alles-

weißer, Alleswisser, Allosaurus, Alltagshose, Ahn, Alphabet, Alphabetzähler, Alptraum, Altar, Altenfeier, Alter, Alterchen, Altersheim, Altstadt, Amboß, Ameise, Ameisenbär, Ameisengekrabbel, Ameisenhaufen, Ameisenlöwe, Ameisensäure, Ameisenweibchen, Amen, Ampel, Ampeldecke, Amsel, Amt, Anbau, Andenken, Anderstag, Anfänger, Anfängerin, Anfangsbuchstabe, Anfangslied, Anführer, Angeber, Angebot, Angelegenheit, Angelhaken, Angelspiel, Angelverein, Angesicht, Angestellter, Angewohnheit, Angler, Angriff, Angsthaber, Angsthase, Angstschisser, Anhalt, Anker, Anlage, Anlauf, Anliegestelle, Anlehner, Anhänger, Anmaler, Anorak, Anorakanzieher, Ansager, Anschlepper, Anschluß, Anschnallung, Anschwung, Ansichtskarte, Anspitzer, Ansprache, Anstand, Anständiges, Anstimp, Anstoß, Anstreicher, Anstreichfarbe, Anstrengung, Anstump, Antenne, Antonbombe (= 'Atombombe'), Anstrittsvorlesung, Antwort, Anziehauge, Anziehpüppchen, Anziehsachen, Anzug, Apfelding, Apfelesser, Apfelgelee, Apfelhand, Apfelhaus, Apfelkern, Apfelkompott, Apfelkraut, Apfelkuchen, Apfelsaft, Apfelschale, Apfelsine, Apfelsinenbaum, Apfelsinenkerze, Apfelsinensaft, Apfelsinenschale, Apfelsinenschäler, Apfelstrudel, Apotheke, Apotheker, Apparat, Applaus, Aprikose, Aporikosengelee, Aprikosenmarmelade, April, Aprilscherz, Aprilwitz, Aquarium, Arbeitscreme, Arbeitshose, Arbeitsleute, Arbeitsmann, Arbeitstag, Arbeitswagen, Arbeitszimmer, Architekt, Ärger, Armband, Armbanduhr, Armbewegung, Ärmchen, Armee, Ärmel, Ärmelchen, Armhebel, Armlehne, Aroma, Arsch, Arschbacke, Arschbeule, Arschfreund, Arschgeige, Arschglatzemeister, Arsch-Koka-Kackdusche, Arschloch, Arschlochscheißer, Arschtritt, Arschwurst, Art, Arzneiflasche, Arzt, Arztauto, Ärztin, Arztkoffer, As, Ascheneimer, Ast, Astgabel, Astronaut, Atem, Atmosphäre, Atombombe, Atta-Atta, Attacke, Aufblaser, Aufenthaltsraum, Auffahrt, Aufgabe, Aufkleber, Auflauf, Aufnahme, Aufpuster, Aufräumauge, Aufregung, Aufsatz, Aufschreiber, Aufschreibmaschine, Aufschreibzettel, Aufwickelgerät, Auf Wiederschauen, Aufzug, Augenarzt, Augenärztin, Augenblick, Augendeckel, Augenfarbe, Augengelenk, Augenklappe, Augenklinik, Augenschminke, Augentropfen, Augenweh, August, Ausdreher, Ausdruck, Ausgabe, Ausgang, Ausgebung, Ausland, Auspuff, Ausratzelding, Ausreißer, Ausrichter, Ausruhe, Ausrüstung, Ausschau, Ausschlag, Ausschnitt, Außenhülle, Außenseite, Außenstadt, Aussicht, Aussichtsmann, Aussichtsplatz, Aussichtsposten, Ausstellung, Auswahl, Ausweg, Ausweis, Autobatterie, Autobrücke, Autochen, Autofähre, Autofahrschule, Automat, Autoparkplatz, Autoprobtest, Autoreifen, Autoschiener, Autoschlange, Autoschlüssel, Autostraße, Autostrecke, Autotür, Autozug, Axt (309 Wörter).

Bei Augst verblüfft zunächst der Wortreichtum, der sich durch systematische und konsequente Beobachtung feststellen läßt. Von einem Verfall der Kindersprache kann nach diesem Material keine Rede sein. Eher umgekehrt! Aber auch beim Gegenargument sollte man kritisch bleiben. Es könnte immerhin sein, daß die Zunahme des Wortschatzes nur für Mittelschichtkinder gilt, während die Sprache der Unterschichtkinder unter den Medien leidet. Schwerpunkte des Wortschatzes von Augst sind:
- der emotionale Wortschatz der Kinder, der hier endlich in alles Kreativität und Farbenpracht ausgebreitet wird, vgl. Thema 'Arsch' mit 10 Variationen;
- Zusammensetzungen mit bekannten und beliebten Kinderwörtern: Abend (7 mal), Alles (8 mal), Apfel (12 mal), Auto (15 mal);
- Verkehr: von Abschleppauto über Abstellparkplatz bis zu Autozug;
- Gesundheitswesen: von Abstrich über Apotheke und Arzneiflasche bis zu Arzt (6x).
- die Tierwelt, vgl. oben das Bedeutungsfeld 'Tiere';
- spontane Neubildungen: Allesarzt, Alles-Nichtverräter, Allespassiertag, Aufräumauge, Ausratzelding u.a.

Insgesamt läßt sich sagen, daß die ganze moderne Welt von 'Astronaut' bis 'Antonbombe' (=Atombombe) hier vertreten ist.

4. Liste: bei Schlag und Rosenkranz gemeinsam: kein Nomen mit A, außer denjenigen, die auch mit Augst gemeinsam sind (vgl. Liste 7). Unter den Buchstaben B bis Z sind folgende Nomen gemeinsam: Baukasten, Ehe, Haue, Quarkkuchen, Schaffnerin, Schlafstube, Schlittenbahn, Semmel, Stube. Dieser Befund dürfte zeittypisch und regional bedingt sein. Dem 'Baukasten' entspricht bei Augst der 'Stabilbaukasten', dem 'Quarkkuchen' der Käsekuchen'. 'Ehe' und 'Haue' dagegen sind in den heutigen Kinderstuben tabuiert. 'Schaffnerinnen' gibt Ende der 70er Jahre im Bereich der 10 Sechsjährigen noch nicht, 'Schlafstufe', 'Stube' und 'Semmel' sind regionale Wörter, 'Schlittenbahnen' gibt es offenbar nur zwischen 1914 bis 1951, dann fängt das Salzen auf den Straßen an. Insgesamt fällt im Vergleich mit den Listen 5 und 6 auf, wie wenige Wörter Schlag und Rosenkranz gemeinsam haben. (Obwohl zu bedenken bleibt, daß die enorme Größe des Augstschen Wortschatzes einfach mehr Entsprechungsmöglichkeiten bereitstellt.)

5. Liste: bei Schlag und Augst gemeinsam: Absatz, Ader, Ärmel, Angst, Apfelmus, Appetit, Augenblick (7 Wörter).

6. Liste: bei Rosenkranz und Augst gemeinsam: Abendbrot, Anker, Ananas, Angel, Anhänger, Apfelbaum, Arbeit, Arbeiter, Asche, Aschenbecher, Aufwiedersehen, Ausflug, Auto, Autobahn, Autofahrer (15 Wörter).

Bemerkenswert scheint uns, daß 'Angst' wohl bei Schlag und Augst, nicht aber bei Rosenkranz vorkommt, bzw. hier nicht vorkommen darf, weil es sich um schulisch-dominierte Schriftsprache handelt. Ähnliches scheint für 'Appetit' zu gelten.

Im übrigen deuten die Entsprechungen in Liste 6 auf Übereinstimmungen im modernen (Arbeits-)Leben hin, die bei Schlag noch nicht bestehen.

7. Liste: in allen drei Wortschätzen gemeinsam: Affe, Abend, Anfang, Apfel, Arm, Auge (6 Wörter)

Was sich schon bei den Bedeutungsfeldern zeigte, läßt sich auch hier erkennen: Gemeinsam sind allen drei Wortschätzen die alltäglichen Wörter der Kinderwelt.

5.3. Vergleich: Sonstige

Ein Vergleich der Restklasse 'Sonstige' ist vor dem Hintergrund der Verfalls-Hypothese deswegen besonders verlockend und lohnend, weil sich hier all die 'Krümmel'-Wörter zeigen müßten, in die der Umgang mit Comics angeblich die Kindersprache 'zerbröselt'. Und wenn wir die absoluten Zahlen vergleichen: bei Schlag (Liste 1 Grundformen) 320, bei Rosenkranz 208 und bei Augst 754 Sonstige, dann sieht das verdächtig nach einer Bestätigung der Hypothese aus. Denn die Sonstigen bei Augst haben sich gegenüber Schlag mehr als verdoppelt. Unser Vergleich konzentriert sich auf die Interjektionen (Ausrufe-, Ausdrucks- oder Empfindungswörter)(Ehlich 1986), die Sprachspiel- und Reimwörter und die "Kommentarwörter" (Duden-Grammatik 1984 § 677) wie "ächz, würg, heul, bibber-bibber" u.a.

Empfindungswörter und ähnliche bei Schlag: "ach, ache, au, aua, aue, Bemil (Spielreim), bimm, bst, bums, ei! eja!, futsch, gäng, gille, hei!, hem, heui, hipp, hm, ho, holle, hopp, hoppa, hoppala, hoppsala, hupp, hutsch, Ipseldepipsel, häbsche, kipple, klapps!, mähmäh, na!, o!, och, patsch!, poß! (Licht ausblasen), puff! schnapp!, schnipp, schupp, wupps" (a.a.O.S. 21 - 40).

Wie die Liste erkennen läßt, handelt es sich um geläufige Wörter aus der Kinderstube, die auch in Reim-Spielen Verwendung finden. Zu den Vorläufern der späteren Kommmentarwörter in Comics zählen: bums, klapps, patsch, schnapp, schnipp, wupps u.a.

Rosenkranz muß bei diesem Vergleich zurücktreten, weil er Schriftsprache auswertet und weil im Bezirk der Schriftlichkeit derartige Wörter nicht zugelassen sind. Dennoch finden sich folgende sechs Ausdrücke unter seinen 208 Sonstigen: "au, bim-bim, hi-hi, hoi! (Ausruf), tri-tra-trulala, tut-tut" (S. 110f).

Emotionale Wörter bei Augst: "aei, ätsch, ätsche-bätsche, au, aua, ah, aha, ahoi, ai, atsch, baba, bäh, bäh-bäh, bätsch, bah, bautsch, bimbam, blub, brm, brr, brumm, bst, buff, bumm, bums, dalli, eh, eia, eiei, flitsch, futsch(i), gluckgluck, hä, häm, haha, hallo, ham-ham-ham, hatschi, hau, hau-ruck, he, hei, helau, hepp, hi, hihaho, hihi, hoho, hoi, hokus-pokus-fidibus, hollala, hopphopp, hoppsala, hops, hopsa, horido, hott, hu, hua, huhu, huch, hue, hüa, hüpp, hui, huppihupp, i, ia, igitt, igittigitt, jippi, jippije, juchhe, juhu, kille-kille, klapp, klatsche-patsche, kling, klipp, klirr, knack, krack, kracks, krickela-krukela, läppi, mm, muck, muh, o, oh, ohe, oho, oje, okay, ole, owei, patsch, pitsch, peng, pengpeng, piep, pieps, piff-paff, pitsch-patsch, platsch, plemplem, plumps, pst, puff, puffpuff, puh, quakquak, ritsch, ritscheratsche, ritschratsch, ruckzuck, rums, schmetter, schwupp, sss, summ, summsumm, tapptapp, tipptapp, tschau, tschüss, tt, tuttut, watsch, wauwau, wum, zackzack, zick-zack, zick-zick, zickezacke."

Bei Augst sind nicht nur die bekannten Kinderwörter zu finden, sondern auch die Kommentarwörter wie "blub, flitsch, klirr, kracks, schmetter" u.a. Wer jedoch die Liste möglichst unvoreingenommen auf sich wirken läßt, muß feststellen, daß diese Wörter hier keine Indikatoren für eine Verarmung der Kindersprache darstellen, wie es die Verfalls-Hypothese annimmt. Sie passen vielmehr gut zur allgemeinen Entfaltung des kindlichen Wortschatzes, wie sie die Sammlung Augst präsentiert. Alle Wortarten sind hier reicher und differenzierter belegt als in den bisherigen Wortschätzen, darunter eben auch die Kommentarwörter.

Die große Zunahme der Sonstigen bei Augst ist jedoch dadurch nur zum Teil zu erklären. Sie beruht auch auf einem anderen Auszählungsmodus, der Ausdrücke als einen neuen type wertet, die sonst aufgeteilt zugeordnet werden, z.B. "ab und zu, auf Wiederschauen, auf Wiedersehen, bitteschön, morgen früh, jahrelang, jederzeit" u.a.

6. Überblick und Ergebnis

Abschließend wollen wir den Wort-für-Wort-Vergleich bei den Sechsjährigen in seinem Zahlenrahmen vorstellen. Dabei ist zu bedenken, daß der Wortschatz Augst unverhältnismäßig viel größer ist als der von Schlag (Liste 1) und Rosenkranz. Augst ist 5mal so umfangreich wie Schlag und 7,5mal so umfangreich wie Rosenkranz. Schlag dagegen ist 1,5mal größer als Rosenkranz. Wegen dieser Ungleichgewichte sind auch ganz bestimmte Vergleichshäufigkeiten zu erwarten. Die Wörter aus den beiden kleinen Wortschätzen Schlag und Rosenkranz werden in dem großen Wortschatz Augst viel leichter ihre Entsprechungen finden als beim Vergleich untereinander, weil hier das Vergleichs-'Angebot' nicht so groß ist.

Tabelle 6: Wort-für-Wort-Vergleich bei den Sechsjährigen
(S = Schlag (Liste 1), R = Rosenkranz, A = Augst)

	nur in S	nur in R	nur in A	in S+R	in S+A	in R+A	in S+R+A
Adjektive	160	16	819	1	52	60	60
Nomen	547	287	7233	16	273	392	233
Verben	668	49	2932	8	116	272	113
Sonstige	199	9	486	10	80	54	135
Summe:				35	521	778	541

An der Tabelle 6 scheinen uns die Summen der Spalten S+A und R+A besonders bemerkenswert. Weil der Wortschatz Schlag 1,5mal größer ist als Rosenkranz, wären eher umgekehrte Summen zu erwarten gewesen. Tatsächlich aber hat der größere Wortschatz Schlag 'nur' 521 Wörter mit Augst gemeinsam, während der kleinere Wortschatz Rosenkranz 778 übereinstimmende Wörter enthält, was einem Verhältnis von 2 zu 3 entspricht. Wir deuten diesen Befund dahingehend, daß beachtliche Veränderungen im Wortgut stattgefunden haben. In den 35 Jahren zwischen 1914 und 1950 sind mehr Wörter im kindlichen Wortschatz ausgewechselt worden als in den 30 Jahren zwischen 1950 und 1980. Mit anderen Worten: Der Zeitfaktor spielt eine markante Rolle bei der Veränderung des kindlichen Wortschatzes. Bedeutet nun aber die Verände-

rung eine Verschlechterung, wie es die Verfalls-Hypothese behauptet? Die Antwort hängt in dieser Untersuchung von der Gültigkeit des Augstschen Wortschatzes ab. Zu seiner Charakteristik sind folgende Punkte herauszustellen:
- Durch die sprachwissenschaftliche Fundierung der Erhebung ist der Blick der Mitarbeiter mehr geschärft als bei Schlag und Rosenkranz.
- Der Beobachtungszeitraum und Beobachtungsaufwand ist umfassender als bei den beiden anderen Untersuchungen.
- Der Auszählungsmodus wertet eine ganze Reihe von Zusammensetzungen als eigene, neue types, die bei Schlag und Rosenkranz bestehenden types getrennt zugeordnet werden.
- Auf die Mittelschicht-Zentrierung wurde bereits unter Punkt 2.3. hingewiesen.

Wenn wir diese Einschränkungen angemessen berücksichtigen, führen sie zwar zu einer gewissen Reduktion des Wortschatzes, sie beeinträchtigen aber nicht den Gesamteindruck:

Von 1914 bis 1980 hat sich der Kinderwortschatz deutlich verändert, stärker zwischen 1914 und 1950 als zwischen 1950 und 1980. Mit der Veränderung einher geht nicht eine Verschlechterung, sondern eine Verbesserung. Der Wortschatz der Sechsjährigen zwischen 1975 und 1980 ist reichhaltiger als bei Schlag und Rosenkranz. Die heutige Lebenswelt der Kinder führt nicht zu einer Verarmung, sondern eher zu einer Bereicherung im Wortschatz. Für eine Verfalls-Hypothese finden sich im untersuchten Material keine Anhaltspunkte.

Anmerkungen

1) Titelgeschichte in der Zs. DER SPIEGEL vom 9. Juli 1984: "Deutsch: Ächz, Würg. Eine Industrienation verlernt ihre Sprache."

2) Deutsch, W.: Der Spracherwerb von Hilde, Günther und Eva Stern. Forschungsvorhaben im DFG Schwerpunkt "Spracherwerb" (1986ff)

3) tokens sind die 'laufenden' Wörter, types die verschiedenen Wörter. 'Ich' ist z.B. das häufigste Wort in Wortschätzen spontaner Kindersprache: es stellt 1 type dar, der im Korpus Häussermann (Vp. Frederik 8;7) mit 310 tokens belegt ist, im Korpus Otto (Vp. Roman 9;2) mit 372 tokens, im Korpus Wagner (Vp. Teresa 9;7) mit 1331 tokens, - je nach der Länge des Korpus.

4) Korrektur: Es muß (in Hesse/Wagner S. 34) zu Schlag Liste 1 heißen: "Sprachaufnahme zweier 6jähriger", nicht einer.

5) Um der besseren Vergleichbarkeit mit Rosenkranz und Augst haben wir die Listen von Schlag auf Grundformen umgerechnet.

6) Der Vergleich wurde durch die studentische Arbeitsgruppe Kerstin Krüger und Martina Mues mit Hilfe der Computer-Listen vorgenommen. Ein gewisser Zählschwund ist durch den Vergleich-von-Hand bedingt.

Literatur

Augst, G./Bauer, A./Stein, A. (1977): Grundwortschatz und Idiolekt. Tübingen

Augst, G. (Hg.)(1984): Kinderwort. Der aktive Kinderwortschatz (kurz vor der Einschulung) nach Sachgebieten geordnet mit einem alphabetischen Register. Frankfurt a.M./Bern/New York/Nancy

Bühnemann, H. (1966): Die täglichen Übungen: Aufbauender Rechtschreibunterricht. In: Welt der Schule 10/1966 (440 - 448)

Ehlich, K. (1986): Interjektionen. Linguistische Arbeiten Bd. 111, Tübingen

Gipper, H.(Hg.)(1985): Kinder unterwegs zur Sprache. Düsseldorf

Häussermann, I. (1975): Kommentierte Transkription einer kontinuierlichen Sequenz der spontanen Sprechsprache eines Achtjährigen. Dortmund

Hesse, H./Wagner, K.R.(1985): Der Grundwortschatz der Primarstufe. Dorsten

Hetzer, H./Reindorf, B. (1928/69): Sprachentwicklung und soziales Milieu. In: Zur Sprache des Kindes, hg. von H. Helmers. Darmstadt 1969 (151-165)

Oberender, E. (1951): Der Häufigkeitswortschatz einer 3. Klasse. In: Die Schulwarte 4 (349 - 357)

Otto, H. (1974): Kommentierte Transkription einer konstinuierlichen Sequenz der spontanen Sprechsprache eines Neunjährigen. Dortmund

Pregel, D./Rickheit, G. (1975): Kinderliche Redetexte. Düsseldorf

Rosenkranz, F. (1957): Der gesamte Wortschatz einer Sprechspurklasse im 1. Schuljahr. In: Sprechen und Spuren 8 (101 - 111)

Schaffert, F. veröffentlicht in Oberender

Schlag, J. (1921): Häufigkeitsproben aus dem Sprachschatze von sechs- und achtjährigen Kindern. In: Pädagogisch-Psychologische Arbeiten aus dem Institut des Leipziger Lehrervereins. Hgg. von R. Schulze, Bd. 11, Leipzig (1 - 67)

Stern, C. und W.(1928/65): Die Kindersprache. Darmstadt 1965

Wagner, K.R. (1974): Die Sprechsprache des Kindes, Bd. 1, Theorie und Analyse. Düsseldorf

-,- (1975): Die Sprechsprache des Kindes, Bd. 2, Korpus und Lexikon. Düsseldorf

-,- (1981): Wieviel sprechen Kinder täglich? In: Wirkendes Wort 31. Jg. (17-28)

Anschriften der Verfasser

Altmann, Prof. Dr. Gabriel: Sprachwissenschaftliches Institut der Ruhr-Universität, Universitätsstraße 150, D-4630 Bochum 1

Augst, Prof. Dr. Gerhard: Fachbereich 3 (Sprach- und Literaturwissenschaften) der Universität-Gesamthochschule, Postfach 10 12 40, D-5900 Siegen

Gipper, Prof. Dr. Helmut: Institut für Allgemeine Sprachwissenschaft der Westfälischen Wilhelms-Universität, Bispinghof 17, D-4400 Münster

Hesse, Harlinde: Holzstraße 1, D-4630 Bochum 6

Hesse, Dr. Bodo: Romanistisches Institut der Ruhr-Universität, Postfach 10 21 48, D-4630 Bochum 1

Köhler, Dr. Reinhard: Sprachwissenschaftliches Institut der Ruhr-Universität, Universitätsstraße 150, D-4630 Bochum 1

Redder, Dr. Angelika: Fachbereich 23 der Westfälischen Wilhelms-Universität, Fliednerstraße 21, D-4400 Münster

Schach, Dipl.-Volksw.' Elisabeth: Hochschulrechenzentrum der Universität, Postfach 500 500, D-4600 Dortmund 50

Steinsträter, Christiane: Fachbereich Sprach- und Literaturwissenschaften, Journalistik und Geschichte, Emil-Figge-Straße 50, D-4600 Dortmund 50

Wagner, Marianne: Schillerstraße 25, D-4100 Duisburg 46

Wagner, Prof. Dr. Klaus R.: Fachbereich Sprach- und Literaturwissenschaften Journalistik und Geschichte, Emil-Figge-Straße 50, D-4600 Dortmund 50